> SABINE WINKLER

Hundeschule leicht gemacht

KOSMOS ratgeber

INHALT

4 Wie Hunde denken
5 Ausflug in eine andere Welt
5 Handeln aus dem Bauch heraus
6 Jetzt oder nie
8 Sprachlos
10 Konfliktlöser mit Raubtiergebiss
11 Was Hänschen nicht kennen lernt, macht Hans Angst
13 „Ich bin ja so aufgeregt!"
15 Hannemann geh du voran
17 Gehirnjogging für Vierbeiner

18 Handeln wie ein Mensch
19 So leiten Sie das Rudel
19 Lassie ade
19 Zu welchem Hund passe ich?
20 Wissen, was man will
21 Verlässlichkeit und Durchschaubarkeit
24 Geschwindigkeit ist keine Hexerei
26 Casting für Hundeerzieher
26 Hunde-Animateur gesucht
27 Die sittliche Reife

28 Der Griff in den Werkzeugkasten
29 Hilfsmittel für die Erziehung
29 Management
29 Gefühlsmanagement
30 Leine und Halsband
30 Lob und Tadel
32 Richtig belohnen
33 Richtig strafen
36 Ignorieren und Auszeit
37 Sich durchsetzen
38 Gewöhnung
38 Hör- und Sichtzeichen lehren

▶ **40 Nützliche Grundübungen**
41 Erziehung Schritt für Schritt
41 Blickkontakt und Folgen
41 Dicht herankommen
42 Kommen auf Ruf
43 „Lauf"
43 Bei Fuß gehen und nicht ziehen
44 Die Decken-Übung
45 „Sitz" und „Platz"
47 „Warte"
47 Vorangehen durch Türen
48 Nein und Aus

▶ **50 Den Alltag bewältigen**
51 Harmonisch zusammenleben
51 Sauberkeit und Ordnung
51 Nicht lästig sein
52 Springen oder nicht springen?
53 Nadelspitze Welpenzähnchen
54 Duldsamkeit
55 Allein bleiben
56 Ein Hund ist kein Gartenzwerg
58 Im Auto unterwegs
58 Zu Fuß unterwegs
59 Hundebegegnungen
61 Begegnungen mit Menschen

▶ **62 Service**
62 Zum Weiterlesen
62 Nützliche Adressen
62 Register
64 Impressum

Wie Hunde

denken
Ausflug in eine andere Welt

Handeln aus dem Bauch heraus Hunde richten sich nicht nach Vernunftgründen, sondern nach Gefühlen. Vereinfacht gesagt teilt ein Hund seine Welt in „das ist angenehm für mich" und „das ist unangenehm für mich" ein. Und er tut einfach immer das, was sich gerade im Moment für ihn gut und richtig anfühlt.

Feels good! Manches fühlt sich für einen Hund einfach deshalb „gut" an, weil es einem seiner angeborenen Verhaltensprogramme entspricht. Eine tragende Hündin gräbt z. B. nicht deswegen eine Wurfhöhle, weil sie weiß, dass sie bald Junge bekommen wird, sondern weil die hormonellen Veränderungen in ihrem Körper in ihr das Gefühl auslösen, es gäbe gerade nichts Wichtigeres auf der Welt, als zu buddeln. Man weiß heute, dass es selbstbelohnend ist, ein solches Verhaltensprogramm auszuführen, weil das Gehirn dabei „Glückshormone" produziert. Kein Wunder also, dass manchmal die angeborenen Verhaltensprogramme den Sieg davontragen, wenn sie mit den Erziehungszielen seines Menschen kollidieren! Hunde, die jagen, buddeln, sich in Aas wälzen, ihr Revier verteidigen oder markieren, etwas ihrer Meinung nach Fressbares in sich hineinstopfen oder auf Freiersfüßen wandeln, haben oft denkbar wenig Verständnis dafür, dass sie das unserer Meinung nach lieber lassen sollten. All dies zu tun fühlt sich für sie einfach zu gut oder auch zu dringend an und kann im Extremfall beinahe suchtartigen Charakter haben.

Die treibende Kraft Gefühle sind auch der „Motor" fürs Lernen. Den Lernmechanismus kann man sich etwa so vorstellen, dass der Hund im Gedächtnis Situationen und Handlungen mit den Gefühlen verknüpft, die unmittelbar damit einhergehen. Erlebnisse, die aufgrund dessen in seiner Erinnerung das Etikett „angenehm" tragen, möchte er natürlich gern wiederholen, während er solchen, die das Etikett „unangenehm" tragen, in Zukunft möglichst aus dem Weg geht. Ganz besonders angenehm fühlt sich immer das „Erfolg haben" an. Denn wer erfolgreich handelt, bekommt nicht nur, was er wollte, sondern wird auch noch zusätzlich vom Gehirn mit guten Gefühlen „belohnt". Misserfolg zu haben ist dagegen, wie wir alle aus eigener Erfahrung wissen, unangenehm. Hunde lernen daher vor allem am Erfolg und Misserfolg ihres Handelns.

Lebensfreude pur

WIE HUNDE DENKEN

„Hoffentlich vermiest mir niemand mein Nickerchen."

Sofa-Erlebnisse Die Idee „aufs Sofa springen" fühlt sich z. B. für einen Hund, der dort schon einmal ungestört ein gemütliches Nickerchen gemacht hat, aufgrund dieser Erfahrung einfach „gut und richtig" an – jedenfalls wenn er gerade müde ist und einen Schlafplatz sucht. Warum also sollte er nicht danach trachten, dieses angenehme Erlebnis zu wiederholen? Anders verhält es sich, wenn er unsanft von dort vertrieben wurde. Dann verbindet er mit dem Liegen auf dem Sofa vielleicht eher unangenehme oder zumindest gemischte Gefühle und ist nicht mehr so schnell geneigt, der Idee nachzugeben.

Das erste Mal Ganz besonders wichtig für die gefühlsmäßige Bewertung von Situationen und Handlungen ist immer das erste Mal. Die erste Erfahrung sitzt besonders tief. War der allererste Versuch, auf dem Sofa zu liegen, „schön", wird man den Hund später kaum noch völlig vom Gegenteil überzeugen können. Ist er hingegen beim ersten Versuch abgerutscht (oder wurde umgehend wieder heruntergeschubst), bekommt er womöglich nie wieder Lust, aufs Sofa zu springen. Denn die Idee fühlt sich von da an nur „schlecht" an und der Hund kann ja ohne vorherige gute Erfahrungen nicht ahnen, dass die Sache auch ganz anders – nämlich sehr angenehm – hätte ausgehen können.

Lerngeschwindigkeit Generell geht das Lernen umso schneller, je stärker die dabei beteiligten Gefühle sind. Normalerweise braucht es eine ganze Reihe von Wiederholungen, bis der Hund gelernt hat, dass eine bestimmte Handlung bestimmte Konsequenzen nach sich zieht. Aber starke Erlebnisse positiver oder negativer Natur prägen sich eher im Gedächtnis ein als das tägliche Einerlei. Gegebenenfalls reicht schon ein einziger „bombiger" Erfolg oder eine einmalige Erfahrung von Angst oder Schmerz, großem Schreck, aber auch großer Freude, um etwas Neues fest im Gedächtnis zu verankern.

Jetzt oder nie

Für uns Menschen besonders schwer nachvollziehbar ist die Tatsache, dass Hunde im Gegensatz zu uns nicht über Erlebtes nachdenken. Hunde leben wie alle Tiere immer „voll und ganz im hier und jetzt". Ein Hund entscheidet und

▸ JETZT ODER NIE

handelt ausschließlich nach der Devise „Genuss sofort", denn längerfristige Folgen seines Tuns kann er einfach nicht mit einkalkulieren. Dass er in Zukunft vielleicht nie mehr von der Leine gelassen werden kann, wenn er zu oft Wild hetzt, ist für ihn völlig jenseits seines geistigen Horizonts. Und auch den Zusammenhang zwischen dem Bravsein am Nachmittag und einem leckeren Kauknochen am Abend wird ein Hund nie begreifen können.

▸ **Blitzschnelle Verknüpfung** Aus der Forschung weiß man, dass Hunde Ereignisse nur dann optimal miteinander verknüpfen können, wenn sie innerhalb von 0,5 bis 0,8 Sekunden aufeinander folgen. Wer als Mensch also Einfluss auf die Lernerfahrungen seines Hundes nehmen will, muss vor allem sehr schnell sein! Eine Strafe oder eine Belohnung, die auch nur zwei Sekunden nach der betreffenden „Tat" kommt, ist bereits für die Katz': sie wird vom Hund normalerweise nicht mehr mit seiner „Tat" in Verbindung gebracht.

Sicherlich kann sich ein Hund noch daran erinnern, dass er vor zehn Minuten ein Brot geklaut hat. Aber wie wollen Sie ihm klar machen, dass Sie ausgerechnet deswegen sauer auf ihn sind und nicht, weil er vor fünfzehn Minuten geschlafen oder vor einer Minute neben der Küchentür gesessen hat? Nicht einmal das immer wieder praktizierte vorwurfsvolle Vorzeigen eines „Beweisstückes" verhindert Missverständnisse. Schließlich hat es sich gut angefühlt, das Brot zu fressen. Schlecht ging es dem Hund erst, als Sie ihm das leere Papier vorhielten und schimpften. Weil diese beiden Ereignisse für ihn aber keinen Zusammenhang miteinander haben, kann er nichts Vernünftiges daraus lernen. Er wird sich zwar künftig demütig geben, wenn Sie ihm den „Beweis" einer Missetat vorhalten, aber trotzdem weiter klauen.

Hetzen setzt „Glückshormone" frei und kann Hunde „süchtig" machen.

WIE HUNDE DENKEN   7

8 WIE HUNDE DENKEN

Sprachlos

Allein schon weil Hunde menschliche Sprache nicht verstehen, kann man sich mit ihnen nicht über Vorfälle verständigen, die bereits Vergangenheit sind. Die vielen Worte, die wir Menschen von uns geben, sind für einen Hund nichts weiter als unverständliches Gebrabbel. Er ist seiner Natur nach ganz auf Körpersprache eingestellt und hat einen überaus feinen Sinn für Bewegungen, Gesten, Mienenspiel und Stimmungen seines Sozialpartners. Der Tonfall unseres üblichen Wortschwalls (oder auch das plötzliche Ausbleiben desselben) hilft dem Hund zwar dabei, unsere momentane Stimmung zu erkennen. Aber die Bedeutung einzelner Worte zu erfassen, ist für ihn überaus schwierig.

Sprachbarrieren Stellen Sie sich vor, Sie träfen einen Menschen, dessen Sprache Ihnen völlig fremd ist. Es würde Ihnen wohl kaum helfen, wenn er in seiner Sprache pausenlos auf Sie einredet. Wenn er aber ein bestimmtes Wort immer wieder in einem bestimmten Zusammenhang sagt, könnten Sie dessen Bedeutung mit der Zeit verstehen lernen. Auch für einen Hund kann ein Wort nur dann eine Bedeutung bekommen, wenn es immer wieder ausschließlich im Zusammenhang mit derselben Situation oder Handlung gesagt wird, und zwar am besten jeweils kurz vorher. Das Wort verknüpft sich dann in seinem Gedächtnis mit dem Impuls, eine bestimmte Handlung auszuführen oder mit einer bestimmten Erwartungshaltung – und auch mit den Gefühlen, die damit einhergehen.

Hört der Hund ein ihm bekanntes Kommando-Wort, kommt ihm also automatisch die Idee, die damit verknüpfte Handlung auszuführen. „Fühlt" sich die Idee – z. B. aufgrund von vorhergehen-

Hunde sind ausgezeichnete Beobachter.

▶ SPRACHLOS

In der Gesellschaft von Menschen und Artgenossen fühlen Hunde sich am wohlsten.

den Belohnungen für die Ausführung der dazugehörigen Handlung – „gut und richtig" an, wird er sie auch umsetzen. Und sagt man „spazieren gehen?", springt er schwanzwedelnd auf, weil er Wort und Tonfall mit dem Hinausgehen und der freudigen Aufbruchsstimmung vor dem Spaziergang verknüpft hat. Man kann mit ihm jedoch weder über Zukünftiges noch über Vergangenes sprechen. Von dem Satz: „Wir können leider erst in einer Stunde spazieren gehen!", würde er nur das Wort „spazieren gehen" verstehen, in freudige Erregung geraten und sehr enttäuscht sein, wenn es nicht sofort losgeht.

Besser noch als Worte verknüpfen Hunde allerdings Gesten und Gesichtsausdrücke. Dass man die Jacke anzieht und die Leine vom Haken nimmt, spricht für den Hund eine viel deutlichere „Sprache" als jedes Wort. Aber auch Gegenstände, Orte und natürlich auch Gerüche können für den Hund aufgrund von Verknüpfungen eine gefühlsmäßige Bedeutung bekommen: der Anblick seines Spielzeugs bringt ihn in Spiellaune, der gewohnte Übungsplatz in „Arbeitsstimmung" und der Geruch der Tierarztpraxis erzeugt in ihm vielleicht ein mulmiges Gefühl, so dass er nur noch weg möchte.

WIE HUNDE DENKEN

Der Rote protzt mit steil aufgerichteter Rute und durchgedrückten Beinen.

Der Collie lässt sich gelassen beschnuppern.

Der Rote gibt noch einmal mächtig an: Wer kann höher?

aller Regel, den Ausbruch von offenen Streitigkeiten durch vielfältiges freundlich-beschwichtigendes Verhalten, durch Ignorieren, Ausweichen, Tricksen und Ablenken zu vermeiden. Und bevor zugebissen wird, wird normalerweise zunächst ausführlichst gedroht und imponiert.

Warnsignale und Toleranz Versteht und beachtet der Mensch all diese Warnsignale nicht und bedrängt, bedroht oder misshandelt den Hund – aus Bosheit oder Unwissenheit – immer wieder, kann dieser durchaus zu dem Schluss kommen, dass man mit Menschen nicht „vernünftig reden" kann. Er hält sich dann nicht mehr lange mit Drohungen auf, sondern beißt sofort. Glücklicherweise ist dies aber die absolute Ausnahme. Hunde haben offenbar nach 15.000 Jahren engen Zusammenlebens mit Menschen eine wahre Engelsgeduld uns gegenüber entwickelt und verzeihen erstaunlich viele Fehler!

Konfliktlöser mit Raubtiergebiss

Hunde sind wehrhafte Tiere mit gefährlichen Zähnen. Fühlt ein Hund sich oder das, was ihm wichtig ist, akut bedroht, ist Beißen eine seiner möglichen Reaktionen. Andererseits sind Hunde Meister der Anpassung und haben viele Strategien entwickelt, um Konflikte zu umgehen oder zu lösen. Hunde versuchen in

- KONFLIKTLÖSER MIT RAUBTIERGEBISS
- WAS HÄNSCHEN NICHT KENNEN LERNT, MACHT HANS ANGST

Was Hänschen nicht kennen lernt, macht Hans Angst

Ob ein Hund tolerant und freundlich gegenüber Menschen und ihrem für Hunde merkwürdigen Verhalten ist und ob er insgesamt auf seine Umwelt gelassen und zuversichtlich oder aufgeregt und ängstlich reagiert, steht und fällt weitgehend mit seiner Welpenzeit. Hunde sind in den ersten Lebenswochen sehr offen gegenüber allem Neuen und lernen rasend schnell. Diese Zeitspanne nennt man die Sozialisierungs- oder Prägungsphase und sie dauert bis zur 12. oder 14. Lebenswoche, wobei aber die Zeit zwischen der dritten und achten Woche am wichtigsten ist. In dieser Zeit muss ein Welpe vor allem viel engen Umgang mit vielen verschiedenen Menschen und – zumindest ab der achten Woche – auch mit vielen verschiedenen Hunden haben und außerdem eine Vielzahl von verschiedenen Umwelteinflüssen (Geräusche, Situationen, Gegenstände, Hindernisse, Autofahren usw.) kennen lernen. Denn später überwiegt eher die Angst vor allem Neuen und der Hund gewöhnt sich längst nicht mehr so leicht an die vielfältigen Reize, die in seiner Umwelt auf ihn einstürmen.

Sozialisierungsphase

In der Prägungs- oder Sozialisierungsphase (3. bis 14. Woche) lernen Hunde rasend schnell. Später überwiegt die Angst und es wird sehr viel schwieriger, den Hund an unbekannte Umwelteinflüsse zu gewöhnen. Nutzen Sie die Zeit und machen Sie Ihren Welpen mit zahlreichen Situationen bekannt.

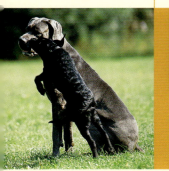

Einer so hartnäckig vorgetragenen Spielaufforderung kann die gelassene Dogge schließlich doch nicht widerstehen.

WIE HUNDE DENKEN

WIE HUNDE DENKEN

Freundlicher Kontakt mit Menschen ist in der Sozialisierungsphase sehr wichtig.

▸ **Verpasste Sozialisierungsphase**
Kommt die Sozialisierung zu kurz, ist der Schaden meist lebenslang nicht wieder gutzumachen. Ein mangelhaft sozialisierter Hund ist stets mehr oder weniger unsicher und ungeschickt mit fremden Menschen und/oder Hunden, weil er ihre Körpersprache, ihr Verhalten und ihre Reaktionen nicht richtig einschätzen kann. Das lässt ihn anderen gegenüber unangemessen (z. B. zu aufdringlich, zu hektisch, zu ängstlich, zu aggressiv) auftreten. Dadurch wiederum bekommt er von Hunden oder Menschen, die sein Verhalten befremdlich und unangenehm finden, unfreundliche „Rückmeldungen", was ihn noch mehr verunsichert. Auch in seiner Umwelt gibt es viele Dinge (z. B. Verkehrslärm, glatte Böden usw.), die ihm Angst machen, was ihn zusätzlich belastet. Zudem sind schlecht sozialisierte Hunde meist insgesamt nervöser und schneller gestresst als üblich und können Stress schlechter verarbeiten. Das wiederum behindert sie beim Lernen von Neuem. Ein Teufelskreis, aus dem – oft erst nach der Pubertät – durchaus Probleme wie hysterisches Verbellen von Besuchern, Aggression gegenüber Artgenossen, schnappen nach Kindern u. ä. entstehen können.

▶ „ICH BIN JA SO AUFGEREGT!"

Auch wenn es sichtlich Spaß macht – spielen Sie solche wilden Spiele besser nicht zu oft.

„Ich bin ja so aufgeregt!"

Hunde sind im Allgemeinen aktiv, neugierig, vielseitig interessiert und schnell in ihren Reaktionen. Für einen Beutegreifer (Raubtier) sind solche Eigenschaften überlebenswichtig. Sie machen es aber nicht immer leicht, den Hund unter Kontrolle zu halten, zumal viele Hunde auch noch relativ leicht erregbar sind. Besonders Beutereize können den Hetzjäger Hund aufregen. Ein sich schnell bewegendes Objekt – Kaninchen, Inline-Skater usw. – löst bei ihm den Impuls aus, hinterherzurennen. Zappeln und Quietschen sind ebenfalls starke Beutereize, die im Hund den Wunsch auslösen, zu verfolgen und zu packen – einer der Gründe, warum Kleinkinder und junge Hunde nicht immer ein ideales Team sind.

Außer Rand und Band Auch im ausgelassenen Spiel mit Menschen oder mit Artgenossen können Hunde über die Stränge schlagen, falls es allzu wild wird oder allzu lange andauert. Ähnlich wie bei einer Geburtstagsparty mit Sechsjährigen schlägt dann von einem Moment zum anderen freudige Erregung in Überdrehtheit und Stress um. Kläffen, Zwicken und so genannte Mobbing-Situationen, bei denen mehrere Hunde einen schwächeren jagen, können die Folge sein. Und allzu häufige wilde Raufereien und Beutespiele machen manche Hunde sogar reizbar und hyperaktiv.

Zu wenig Schlaf Aufregend und stressig sind außerdem natürlich Dinge oder Ereignisse, die den Hund verunsichern, ihm Angst machen oder ihn überfordern. Allein das Fehlen von genügend Ruhephasen kann einen Hund, der als „Tagdöser" täglich etwa 16 Stunden Schlaf braucht, den letzten Nerv kosten. Langeweile und Bewegungsmangel können denselben Effekt haben. Es gibt auch Hunde, die sich so intensiv einer „selbstgewählten" Aufgabe widmen, dass sie dabei nicht nur ihre Menschen, sondern auch sich selbst überstrapazieren. Mancher Hund nimmt z. B. das Bewachen des Territoriums so ernst, dass er (wenn man ihn lässt) den ganzen Tag am Gartenzaun patrouilliert, alles anbellt, was sich regt und dabei nicht nur seine Umgebung nervt, sondern zunehmend hektisch und gereizt wird wie ein gestresster Manager.

Trotzanfall Einzelne Hunde neigen auch dazu, sich übermäßig zu erregen, wenn sie in ihrer Bewegungsfreiheit eingeschränkt werden oder wenn sie ihren Willen nicht bekommen. Man kann dann gerade bei Welpen manchmal richtige „Trotzanfälle" erleben. Dennoch muss jeder Hund lernen, auch einmal geduldig zu warten, ein Verbot zu akzeptieren und es zu ertragen, dass er fest gehalten und untersucht wird.

Worüber und wie stark ein Hund sich aufregt und ob und wie sehr er sich gegebenenfalls in diese Erregung hinein steigert, ist individuell verschieden. Manche Hunde ziehen sich von selbst zurück, wenn es ihnen zu viel wird, anderen muss man helfen, sich „herunterzuregeln", z. B. indem man sie rechtzeitig aus der stressigen Situation heraus nimmt.

Hundemüde – im wahrsten Sinne des Wortes.

▶ HANNEMANN GEH DU VORAN

Auch Wölfe albern manchmal einfach miteinander herum.

Hannemann geh du voran

Die Erklärung für alle Arten von Problemen mit dem Hund liegt für viele Hundehalter auf der Hand: Er ist „dominant". Angeblich streben Hunde ständig nach der ranghöchsten Position im Rudel, entweder durch Machtspielchen und Manipulationen oder sogar durch offene Aggression. Tritt der Mensch dem Hund gegenüber nicht stets als Boss auf, hat er verloren.

Unter Wölfen Wie neuere Beobachtungen an Hunden und frei lebenden Wölfen zeigen, hat diese Vorstellung allerdings wenig mit der Wirklichkeit gemein. Das Wolfsrudel ist kein militärisch geführter Stoßtrupp, sondern ganz einfach eine Familie. Die Rollenverteilung in einem Wolfsrudel und noch viel mehr in einer Gruppe von Hunden ist viel flexibler, als man früher angenommen hat. Und die Rangordnung wird nicht so sehr durch Druck von oben aufrechterhalten, sondern viel mehr dadurch, dass die jüngeren Tiere den älteren ihre Unterwürfigkeit regelrecht aufdrängen. Natürlich sind die Alttiere im eigentlichen Wortsinne „dominant" (also bestimmend), aber dies ergibt sich ganz nebenbei aus ihrer größeren Erfahrung und Körperkraft und daraus, dass die Jungen ganz von ihnen abhängig sind. Schließlich würde man die Beziehung zwischen Eltern und Kindern in einer Menschenfamilie ja auch nicht in erster Linie als eine Dominanzbeziehung betrachten.

WIE HUNDE DENKEN

Er ist zwar ein Egoist, strebt aber nicht gleich nach der Weltherrschaft.

Unter Menschen In einer Menschenfamilie haben Hunde „rangordnungsmäßig" gesehen eine komplizierte Position. Teilweise spielen Menschen für Hunde die Rolle der erfahrenen „Elterntiere". Sie sind auch seit Jahrtausenden der wichtigste Umweltfaktor für Hunde, von dem ihr Überleben abhängt. Die meisten Hunde akzeptieren Regeln, die Menschen aufstellen, recht bereitwillig. Andererseits sind sie eigenständige Tiere, die uns in manchem – z. B. der Sinnesleistung – durchaus überlegen sind. Wir übertragen ihnen echte Verantwortung, beispielsweise, wenn wir ihnen erlauben, das Grundstück zu bewachen. Gelegentlich erwarten Menschen von Hunden sogar, dass sie die Rolle eines menschlichen Gegenübers einnehmen, etwa als Tröster, Gesellschafter oder Partnerersatz.

Kleine Egoisten Außerdem verfolgen Hunde natürlich durchaus ihre eigenen Interessen und versuchen, uns zu ihrem Vorteil zu manipulieren – manche hartnäckiger als andere. Ein Hund besitzt einen entwaffnenden Egoismus und tut von sich aus genau das, was ihm Spaß macht, ohne Rücksicht darauf, ob das „seinem" Menschen Probleme bereitet. Einzelne Hunde können daher tatsächlich lästig oder im Ausnahmefall auch einmal gefährlich werden, wenn man ihnen nicht deutliche Grenzen setzt und auf die Einhaltung bestimmter Regeln besteht.

Hunde wissen schon ganz gut, wie sie uns rumkriegen können.

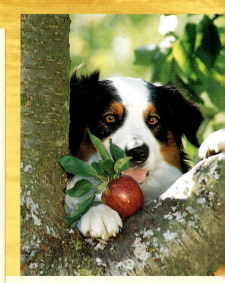

Friedliches Zusammenleben Ein allgemein gültiges starres „Rangordnungsprogramm" einzuhalten ist aber unnötig. Auch im Wolfsrudel hängt das individuelle „Regelwerk" stark von den Lebensumständen ab. Es ist daher nicht wirklich von Belang, ob Ihr Hund auf dem Sofa schlafen oder zuerst durch die Tür gehen darf. Abteilungsleiter wird man schließlich auch nicht, indem man ins Büro spaziert und sich auf den Chefsessel setzt, sondern indem man Führungsqualitäten beweist. Es ist auch überflüssig, ihn durch eine Vielzahl eigens dafür aufgestellter Vorschriften „klein" zu halten, denn es gibt schon genug Regeln und Verbote, die er im Zusammenleben mit uns Menschen beachten muss. Außerdem haben Sie bereits alle Macht über Ihren Hund. Sie entscheiden, wann er ins Freie darf, wann Sie sich mit ihm beschäftigen, was er zu fressen bekommt usw. Sinnvoller ist es daher, wenn Sie im Zusammenleben mit dem Hund auf die Einhaltung solcher Regeln achten, die Ihnen selbst wichtig sind.

Die Sache mit der Dominanz

Wenn Sie nur halbwegs souverän auftreten und sich dem Hund gegenüber in den seltenen Fällen, in denen es nötig ist, auch einmal ruhig, aber bestimmt durchsetzen können, werden Sie keine „Dominanzprobleme" mit ihm bekommen.

Gehirnjogging für Vierbeiner

Noch viel nötiger als Bewegung und monotones Bällchenwerfen brauchen Hunde zur seelischen Gesundheit „geistige" Anregung. Die meisten Hunde sind exzellente Problemlöser und nutzen diese Fähigkeit auch gern. Hier einige Aktivitäten, die Ihren Hund ausgeglichen und zufrieden machen und die für ihn wichtiger und seelisch gesünder sind als stundenlanges Bällchen werfen: Neue Wege und Gebiete erkunden. Neue Gehorsamsübungen oder Kunststückchen lernen. Sie im Alltag begleiten und an Ihren Aktivitäten teilhaben.

Kontakte zu verschiedenen Menschen und Hunden (falls er sich verträgt). Neue Gegenstände beschnuppern und untersuchen dürfen. Fährten oder Gegenstände mit der Nase suchen. Kleine Problemlösungsspiele wie z. B. Leckerchen aus einem Behälter herausprokeln. Etwas kauen, knabbern, abnagen oder zerpflücken dürfen. Buddeln.

Handeln wie ein

Mensch
– so leiten Sie das Rudel

Nachdem wir uns mit den Eigenarten des hundlichen Denkens befasst haben, kommen wir nun zum menschlichen Teil der Partnerschaft. Welche Eigenschaften braucht man, wenn man einen Hund gut erziehen und ihm gerecht werden will?

Lassie ade

Welpenbesitzer sagen oft: „Ich will ihn nicht besonders ausbilden und ihn schon gar nicht dauernd herumkommandieren – er soll uns nur überallhin begleiten." Sie bedenken dabei nicht, dass eben dieses „problemlos überallhin begleiten" äußerst hohe Anforderungen an einen Hund stellt, die er in der Regel nur nach einer soliden Grunderziehung erfüllen kann. Natürlich gibt es gelegentlich den Glücksfall des Hundes, der sich praktisch von selbst in seine Umgebung einfügt. Doch je komplexer die Umwelt ist, in der ein Hund lebt, desto eher ist die Anpassung eine Frage der überlegten Auswahl des Hundes und seiner guten Ausbildung. Den Kern trifft die ehrliche Antwort des Besitzers eines auffällig gut erzogenen, freundlichen und gelassenen Rottweilers auf die Frage, wie er es geschafft habe, dass sein Hund so brav sei: „Fünf Jahre Training."

Zu welchem Hund passe ich?

Damit Ihr Traumhund die Chance hat, Realität zu werden, müssen einige Voraussetzungen gegeben sein. Das fängt mit der richtigen Auswahl an. Obwohl es mittlerweile leicht ist, sich die nötigen Informationen über Hunde und ihre Bedürfnisse zu beschaffen, werden leider immer noch viel zu viele Hunde unüberlegt angeschafft. Die meisten ernsthaften Probleme mit Hunden bestehen darin, dass der Hund genau das tut, was von ihm aufgrund seiner Art, seines Rassetyps und seiner Vorgeschichte zu erwarten war. Sie wären also durch eine vernünftigere Auswahl vermeidbar gewesen. Ausbaden muss sie dennoch meist der Hund. Schließlich zeigt sich manchmal selbst bei besten Voraussetzungen und gründ-

Check Überlegungen zu Anschaffung

Wenn Sie hohe Erwartungen an Ihren vierbeinigen Begleiter haben (z. B. die Krone der Ausbildung, das „problemlos überallhin begleiten"), sollten Sie einen Hund wählen, der die Voraussetzungen dafür mitbringt, sie erfüllen zu können (passende Rasse, gute Sozialisierung).

- Überlegen Sie vor der Anschaffung, welchem Hund Sie die passenden Rahmenbedingungen bieten können.
- Lügen Sie sich dabei nicht in die eigene Tasche! Warum sollten z. B. ausgerechnet Sie es schaffen, den starken Jagdtrieb einer bestimmten Rasse unter Kontrolle zu halten, obwohl sogar erfahrene Liebhaber dieser Rasse meist daran scheitern?
- Haben Sie wirklich die Zeit, das Fachwissen und die Möglichkeit, mit dem Problemhund aus der Tierschutzsendung zurechtzukommen?

HANDELN WIE EIN MENSCH

licher Vorüberlegung, dass der Hund ganz einfach nicht alle Wunschvorstellungen erfüllen kann, die man vor seiner Anschaffung gehabt hat. Ist das bei Ihrem Hund so, sollten Sie fair genug sein, seine Grenzen zu akzeptieren und ihn so zu lieben, wie er ist.

Unparteiische Rasse-Infos

Informationen über Ihre Wunschrasse holen Sie sich am Besten bei Haltern dieser Rasse und bei Hundetrainern sowie Tierärzten. Dort hören Sie auch einmal von den negativen Eigenschaften, die Züchter und Rassebuchautoren oft herunterspielen, weil sie „ihre" Rasse durch eine rosarote Brille sehen.

Wissen, was man will

„Es ist gut, wenn du weißt, was du willst; wenn du nicht weißt, was du willst, ist das nicht so gut." Dieser Schlagertext trifft voll auf die Hundehaltung zu. Je klarer Sie Ihre Erziehungsziele vor Augen haben (und in der Familie miteinander absprechen), desto besser wird es klappen.

Von Hunden und Schweinehunden
Wissen, was man will und was einem wichtig ist, ist auch erforderlich, um die Energie und Willenskraft und eine gewisse Durchsetzungsfähigkeit aufzubringen, die man für die Hundeerziehung braucht. Dabei ist es oft gar nicht der Hund, dem gegenüber man sich durchsetzen muss, sondern viel mehr der innere Schweinehund. Ein Hund kann zwar gelegentlich testen, wie ernst man es mit einer Regel meint und ob sie wirklich noch gilt. Viel öfter werden Sie aber gegen Ihre eigene Trägheit und Nachgiebigkeit oder gegen Widrigkeiten in Ihrer Umwelt kämpfen müssen. Auch wenn Sie alle fünf Minuten vom Schreibtisch aufspringen müssen, um Ihren Hund vom Sofa zu jagen – Ausnahmen darf es nicht geben. Und wenn liebe Mitmenschen Ihre Bemühungen unterlaufen, dem Hund das Betteln oder Anspringen abzugewöhnen, müssen Sie freundlich aber bestimmt auf Ihre Regeln bestehen – auch wenn Ihre Schwiegermutter dann beleidigt ist.

> WISSEN, WAS MAN WILL
> VERLÄSSLICHKEIT UND DURCHSCHAUBARKEIT

Verlässlichkeit und Durchschaubarkeit

Ausnahmslos Konsequent sein bedeutet, verlässlich und durchschaubar zu sein. Konsequenz in der Hundeerziehung heißt konkret:

1. **Einmal beschlossene Regeln gelten ohne Ausnahme. Was erlaubt ist, ist immer erlaubt. Was verboten ist, ist immer verboten und dieses Verbot wird auch stets durchgesetzt.**

Das ist aber nicht etwa deswegen nötig, weil der Hund immer wieder versucht, seinen Willen durchzusetzen, obwohl er „genau weiß, was er soll". Sondern es ist genau umgekehrt: Wenn immer wieder Ausnahmen gemacht werden, hat der Hund keine Chance, die Regeln zu begreifen. Folglich verletzt er sie – unfreiwillig! – immer wieder. Den dadurch erzeugten Ärger würde er liebend gern vermeiden, wenn er nur wüsste wie. Daher ist es genau gesehen keine Nettigkeit, sondern eine Gemeinheit dem Hund gegenüber, ihm „ausnahmsweise" z. B. das Anspringen oder auf dem Sofa kuscheln zu erlauben, nur weil uns Menschen gerade danach ist oder weil wir zu träge sind, die von uns selbst aufgestellten Regeln einzuhalten.

2. **Auf bestimmte Handlungen des Hundes folgen stets dieselben Konsequenzen.**

Da der Hund vor allem aus den Folgen (= Konsequenzen) seines Verhaltens

Wenn Ihr Hund Sie anspringen darf, wird er auch Besucher anspringen.

lernt, müssen Sie dafür sorgen, dass diese Folgen auch regelmäßig und vorhersehbar eintreten. Sonst herrschen aus Sicht des Hundes völlig undurchschaubare, chaotische Verhältnisse. Er benimmt sich dann natürlich auch chaotisch und fühlt sich wahrscheinlich sogar so, weil er sich auf nichts verlassen und keine Zusammenhänge begreifen kann. Wie sollte er z. B. verstehen, dass er beim Betteln am Tisch mal etwas bekommt, mal ignoriert und mal ausgeschimpft wird? Er wird sein „Fehlverhalten" beibehalten (er hat ja Erfolg damit!), aber misstrauisch, nervös, kriecherisch oder stur werden, weil er seine Menschen als unberechenbar erlebt.

HANDELN WIE EIN MENSCH

HANDELN WIE EIN MENSCH

Schon ein einziges Häppchen „ausnahmsweise" führt zu wochenlangem Betteln.

Manchmal geht es vorrangig darum, sich Kontrolle über die Folgen zu verschaffen, die das Verhalten des Hundes für ihn hat. Wenn Ihr junger Hund z. B. allein zu Hause oder im Garten ist, können Sie nicht verhindern, dass er für sich entdeckt, dass Teppich ankauen und Beete umgraben lustige Tätigkeiten sind und er über den Zaun klettern kann, wenn keiner guckt. Und wenn Sie ihm beibringen wollen, Leute nicht anzuspringen, Passanten ihn aber geradezu dazu ermuntern und damit trotz Ihrer Bitten nicht aufhören, müssen Sie ihn wohl oder übel an die Leine nehmen, um seine Lernerfahrungen in Ihrem Sinne beeinflussen zu können.

3. **Für den Hund wichtige Schlüsselworte (Hörzeichen) und Gesten (Sichtzeichen) werden in immer gleicher Weise gegeben und kündigen immer dasselbe Verhalten des Menschen an.**
„Sitz" ist nämlich für Ihren Hund etwas völlig anderes als „Nun setz dich schön". Und wenn Sie Ihr „Hier!" mal mit heller Stimme und mal im Kommandoton sagen, hat Ihr Hund Mühe, das Wort wieder zu erkennen. Wenn Sie außerdem bestimmte eigene Handlungen mit immer denselben Worten oder Gesten ankündigen (z. B. jeweils vor dem Autofahren „Auto" sagen oder beim Spaziergang an Wegkreuzungen bevor Sie ab-

VERLÄSSLICHKEIT UND DURCHSCHAUBARKEIT

Ein bereits gut ausgebildeter Hund sollte nur noch für gute Leistungen belohnt werden.

biegen stets in die Richtung zeigen, in die Sie gehen wollen), bekommen Sie mit der Zeit einen richtig klugen Hund mit einem großen „Wortschatz".

Natürlich müssen Sie das, was Sie ankündigen, auch tun. Wer den Hund z. B. nach einem „Nein" hin und wieder in seinem Tun fortfahren lässt, kann nicht erwarten, dass der Hund wirklich gut auf das „Nein" reagiert. Das ist dann aber keine Widerborstigkeit des Hundes, sondern ein reines Verständnisproblem aufgrund mangelnder Konsequenz des Menschen. Denn mal heißt „Nein" „Sofort aufhören!" und mal „Du kannst ruhig weitermachen."

4. **Hat Ihr Hund eine Übung bzw. eine Regel begriffen, wird er nur noch für die korrekte Ausführung bzw. wirklich gutes Benehmen belohnt.**
Konsequenz heißt auch, Belohnungen (d.h. Ressourcen, die dem Hund wichtig sind und über die Sie verfügen wie z. B. Leckerchen, Spielzeug, Zuwendung, Beschäftigung, Freiheit usw.) bewusst und gezielt nach von Ihnen gesetzten Regeln zu verteilen. Geben Sie sich dabei nicht mit Halbheiten zufrieden! Wenn Sie auch schlampige Ausführungen einer Übung belohnen, die Ihr Hund schon längst sehr viel besser kann, sagen Sie ihm damit, dass seine Nachlässigkeit okay ist.

Geschwindigkeit ist keine Hexerei

Als guter Hundeerzieher müssen Sie unbedingt schnell auf das, was Ihr Hund tut, reagieren, ja womöglich schon vorbeugend eingreifen, ehe etwas passiert. Besonders gilt das für unerwünschtes Verhalten. Egal ob Ihr Hund aus dem Platz-Bleib aufsteht, verbotenerweise aufs Sofa springt oder versucht, sich aus der halb geöffneten Autotür zu quetschen: Sie haben keine Zeit, die Hände über dem Kopf zusammen zu schlagen oder lange nachzudenken – Sie müssen etwas tun, und zwar sofort. Wenn Sie dann nicht schon vorher überlegt haben, wie Sie reagieren wollen, werden Sie mit Ihren Maßnahmen wie die Kavallerie im Western immer eine Minute zu spät kommen.

Just in time Mindestens ebenso bedauerlich ist es, wenn Sie den richtigen Moment zum Loben oder Belohnen verpassen. Denn Sie können sich und Ihrem Hund viel Unannehmlichkeiten ersparen und Tadel oder Strafen auf ein absolutes Minimum reduzieren, wenn Sie ihn für Wohlverhalten belohnen, noch ehe er einen Fehler gemacht hat. Dafür müssen Sie sich aber darauf „programmieren", Ihrem Hund bereits dann Aufmerksamkeit zu schenken, wenn er sich brav (also meist: unauffällig) verhält und nicht erst, wenn er sich danebenbenimmt.

Auf den Hund achten Die schnellsten Erfolge erzielen Sie, wenn Sie Ihren Hund beim Lernen einer neuen Übung bereits für kleine Lernfortschritte belohnen. Wenn er z. B. bei Fuß gehen lernt, ist es anfangs schon viel, wenn er auch nur zwei bis drei Schritte aufmerksam mitgeht. Schade, wenn Sie das übersehen, weil Sie zu viel auf einmal erwarten. Denn wenn Sie die ersten zaghaften Versuche Ihres Hundes nicht entsprechend honorieren, wird er bald frustriert aufgeben. Entwickeln Sie also einen Blick für die kleinen Verbesserungen in seinem Verhalten und hegen und pflegen Sie diese durch Lob und Belohnungen.

Dieser routinierte Hundeführer hat Stimme, Körpersprache, Leinenhaltung und Belohnungshäppchen voll im Griff.

▸ GESCHWINDIGKEIT IST
KEINE HEXEREI

Aber Hundeerziehung ist zum Glück nicht immer so anstrengend.

Um all das hinzukriegen, müssen Sie möglichst genau einschätzen können, was Ihr Hund wohl als Nächstes tun wird. Das wiederum geht nur, wenn Sie etwas über Hundeverhalten wissen und Ihren eigenen Hund gut genug kennen, um seine Körpersprache richtig zu „lesen". Außerdem müssen Sie ihn natürlich immer gut beobachten, d.h. sich auf ihn konzentrieren. Sie brauchen außerdem eine gewisse handwerkliche Geschicklichkeit. Wenn Sie sich selbst in die Leine verwickeln, statt den Hund damit unter Kontrolle zu halten, oder immer wieder endlos in der Hosentasche nach Leckerchen fummeln, werden Sie nicht viel erreichen. Die erforderlichen Handgriffe lernt man aber nur durch Übung in der Praxis.

Das alles klingt jetzt sicher so, als sei Hundeerziehung eine fürchterlich anstrengende Vollzeitbeschäftigung. Aber ganz so schlimm ist es auch wieder nicht. Denn es geht ja vor allem um Situationen, von denen Sie wissen, dass Ihr Hund noch nicht verlässlich ist. Naturgemäß ist dies bei jungen oder neu angeschafften Hunden noch oft der Fall. Später wird das Zusammenleben wesentlich bequemer. Es ist aber eine Tatsache, dass gute Hundeerzieher immer einen kleinen Teil Ihrer Aufmerksamkeit beim Hund haben.

HANDELN WIE EIN MENSCH   25

26 HANDELN WIE EIN MENSCH

„Wenn Herrchen ganz cool bleibt, lasse auch ich mich von so einem Riesen nicht aus der Fassung bringen."

Casting für Hundeerzieher

Als Hundeerzieher müssten Sie am besten Theaterschauspieler sein und über ein ähnliches Körperbewusstsein verfügen wie ein Ballett-Tänzer. Das würde Sie dazu befähigen, Stimme und Körpersprache immer klar, ausdrucksstark und stimmig einzusetzen. Wenn Stimme und Körpersprache logisch nicht übereinstimmen (z. B. Lob mit verärgerter Stimme und gerunzelter Stirn oder „Nein!" mit dünner zaghafter Stimme und unsicherer Körperhaltung) wird Ihr Hund Ihnen höchstwahrscheinlich nicht „glauben". Ganz wichtig – aber auch besonders schwer – ist es, schnell zwischen den Extremen wechseln zu können. Falls Ihr Hund z. B. etwas Verbotenes tun will und Sie ihn deswegen scharf „anpfeifen", sollten Sie sofort wieder ein freundliches Gesicht machen und ihn ehrlich loben, wenn er sich daraufhin von dem verbotenen Ding ab- und Ihnen zuwendet. Alle Gesten dürfen gern etwas übertrieben werden! Ein wenig Schauspieltraining vor dem Spiegel ist also durchaus angebracht …

Emotionen zeigen

Wenn Sie Ihrem Hund etwas verbieten wollen oder ihn tadeln müssen, sollten Sie das mit tiefer Stimme tun. Runzeln Sie dabei die Stirn, gucken Sie streng, gehen direkt auf den Hund zu, nehmen eine starre Haltung mit breiten Schultern ein usw. Loben sollten Sie dagegen mit betont heller, eher hoher und fröhlicher Stimme. Dazu lächeln Sie, bewegen sich locker und eher vom Hund weg. Bringen Sie echte Freude und Begeisterung über eine gute Leistung glaubhaft herüber.

Hunde-Animateur gesucht

Freie Bewegung und natürliche Erlebnismöglichkeiten sind heutzutage leider für viele Hunde stark eingeschränkt. Welcher Hund kann schon noch weitgehend ohne Leine laufen oder, wie früher auf dem Lande üblich, den ganzen Tag mit den anderen Dorfhunden herumstreunen? Hundesport, Beschäftigungsspiele, Zirkustricks usw. sind daher durchaus kein überflüssiger Schnickschnack und man macht damit auch keinesfalls einen „Affen" aus dem Hund. Diese Dinge sind vielmehr eine Möglichkeit, dem Hund das zu ersetzen, was

- CASTING FÜR HUNDEERZIEHER
- HUNDE-ANIMATEUR GESUCHT
- DIE SITTLICHE REIFE

Eine wunderbare Freundschaft, die aber von Erwachsenen beaufsichtigt werden muss.

ihm dadurch entgeht, dass er meist nicht mehr in seinem ursprünglichen Arbeitsgebiet eingesetzt wird und vielen Beschränkungen unterworfen ist. Stehen Sie also dazu, dass es Ihre Aufgabe ist, den „Animateur" für Ihren Hund zu spielen. Vor allem junge Hunde und Angehörige von ehemaligen Arbeitsrassen (also die meisten der gängigen Hunderassen!) wollen etwas zu tun haben. Gibt man ihnen nichts vor, suchen Sie sich selbst ihre Beschäftigungen und das kann – wie wir im ersten Kapitel gesehen haben – zu großen Problemen führen. Sie sollten daher bereit sein, Ihrem Hund auf dem Spaziergang und auch sonst „etwas zu bieten".

Die sittliche Reife

Es braucht wohl kaum betont zu werden, dass im Umgang mit dem Hund auch eine gewisse Selbstbeherrschung nötig ist. Es ist verständlich, wenn Sie in manchen Situationen nahezu vor Wut überschäumen oder sehr enttäuscht von Ihrem Hund sind. Sie dürfen diese Gefühle jedoch niemals an Ihrem Hund abreagieren! Strafen sollte man eigentlich nie, wenn man wütend ist, sondern nur mit kühlem Kopf. Ein launischer Hundehalter ist für jeden Hund eine Katastrophe!

Kinder und Hunde Die nötige Selbstbeherrschung fällt naturgemäß gerade Kindern noch schwer, zum Teil auch, weil sie noch mehr als Erwachsene dazu neigen, den Hund wie einen menschlichen Partner zu betrachten und sein Verhalten persönlich zu nehmen. Wenn Kinder und Jugendliche mit dem Hund umgehen oder sogar Teile der Erziehung oder Ausbildung übernehmen, müssen die Eltern daher immer ein Auge darauf haben, was abläuft und sollten natürlich mit gutem Beispiel vorangehen. Kinder, die ihre Hunde anbrüllen oder gar auf sie einschlagen, spiegeln meistens das Verhalten der Erwachsenen in ihrer Umgebung im Umgang wieder. Andererseits ist „bewusste" Hundehaltung durchaus eine Chance zur Charakterbildung. Wer freundlich, geduldig und selbstbeherrscht mit Tieren umgehen und sie als Lebewesen in ihrem Anderssein respektieren kann, hat sicher etwas gelernt, das ihm auch im Umgang mit seinen Mitmenschen zugute kommt.

HANDELN WIE EIN MENSCH

Der Griff in den

Werkzeugkasten
– Hilfsmittel für die Erziehung

Nur zufriedene Hunde sind angenehme und ausgeglichene Begleiter.

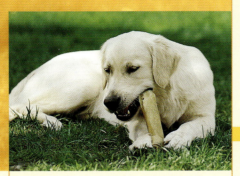

Um das Verhalten Ihres Hundes zu beeinflussen, haben Sie folgende Möglichkeiten, die Sie wie Werkzeuge in einem Werkzeugkasten der Hundeerziehung betrachten können. Je nach Ziel, Situation und Hund kann mal das eine, mal das andere nützlich sein. Gut, wenn man weiß, wie jedes funktioniert und wann man es wofür einsetzen kann.

Management

Management bedeutet, dass Sie „technische" Mittel benutzen, statt Ihren Hund zu erziehen. Manche Dinge sind über Erziehung nur sehr schwer zu erreichen (z. B. dass Ihr Hund im Garten bleibt). Managementmaßnahmen (z. B. der Gartenzaun) schonen die Nerven aller Beteiligten. Auch wenn Sie Ihrem Hund einen Knochen geben, um ihn eine halbe Stunde zu beschäftigen, während Sie anderes zu tun haben, ist das Management. Mit technischen Mitteln (lange Leine, geschlossene Türen usw.) können Sie sich außerdem Kontrolle über die Lernerfahrungen Ihres Hundes verschaffen. Ein Mülleimer mit Klemmdeckel verhindert z. B., dass Ihr Hund die Erfahrung macht, dass es lohnend sein kann, im Müll zu wühlen.

Gefühlsmanagement

„Gefühlsmanagement" bedeutet, dass Sie Ihren vierbeinigen Freund möglichst nie Situationen aussetzen, in denen er vor Aufregung, Stress, Angst oder Wut außer sich gerät. Bemühen Sie sich außerdem, seine hundlichen Bedürfnisse so gut zu befriedigen, dass er sich ausgeglichen fühlen und benehmen kann. Das ist nicht nur ein Gebot der Fairness und der artgerechten Haltung, sondern eine äußerst wichtige Vorbeugemaßnahme gegen die Entstehung von Problemverhalten. Beispiele: Verschaffen Sie Ihrem Hund genug Bewegung und Beschäftigung, so dass sein Drang, aus Langeweile Dinge kaputtzubeißen und zu nerven, gering bleibt. Üben Sie das Alleinbleiben in so kleinen „Portionen", dass er sich nie aus Verlassensangst in einen Bell- und Jaulanfall hineinsteigern muss. Beenden Sie ein sich hochschaukelndes Spiel zwischen Kind und Hund (oder mehreren Hunden), ehe Ihr Hund überdreht und beginnt zu kläffen und zu schnappen. Ängstigen Sie ihn nie durch unbeherrschtes Strafen so, dass er meint, Sie anknurren zu müssen.

Leine und Halsband

Leine Neben einer normalen Hundeleine ist eine lange Leine (ca. sechs bis zehn Meter, eventuell mit Ruckdämpfer) sehr nützlich für die Erziehung. Allerdings kommt eine lange Leine bei einem großen Hund nur in Frage, wenn er sie respektiert, was er am besten schon im Welpenalter lernt. Rennt er nämlich mit Anlauf hinein, kann man ihn nicht halten. Eine Ausroll-Leine ist zum Spazierengehen praktisch, damit Ihr Hund etwas mehr Bewegungsfreiheit hat. Für die Erziehung ist sie nur bedingt geeignet, weil die leichte Spannung ihn stets daran erinnert, dass er angeleint ist.

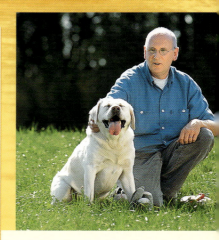

Das Halsband sollte relativ breit sein und eng anliegen.

Halsband oder Brustgeschirr Um die Leine am Hund zu befestigen, brauchen Sie ein Halsband oder ein Brustgeschirr. Das Halsband sollte breit sein (bei großen Hunden mindestens zwei bis drei Zentimeter) und eng anliegen (so dass Sie gerade zwei bis drei Finger darunterschieben können). Aus einem zu locker umgelegten Halsband kann der Hund herausschlüpfen und es drückt außerdem sehr auf seinen Kehlkopf. Ein eng anliegendes Halsband verteilt dagegen den Zug oder Druck ggf. gleichmäßig um den ganzen Hals. Ein Brustgeschirr ist ebenfalls eine gute Sache und eine Chance für einen Neuanfang, wenn ein Hund sich schon angewöhnt hat, am Halsband reflexartig zu ziehen.

Lob und Tadel

Das richtige Timing Lob und Tadel sind Hörzeichen, die eine Belohnung oder eine Strafe begleiten und vor allem

▶ LEINE UND HALSBAND
▶ LOB UND TADEL

Diesem Labrador sieht man an, dass streicheln und spielen für ihn wirksame Belohnungen sind.

auch ankündigen und dadurch das Timing-Problem lösen helfen. Wenn Sie Ihren Hund nicht in der richtigen Sekunde belohnen oder bestrafen können, können Sie ihm doch im richtigen Moment eine Belohnung oder Strafe ankündigen, was beinahe genauso wirksam ist wie die Maßnahme selber.

▶ **Lob** Loben Sie mit freundlicher, eher hoher Stimme und einem Lächeln. Am besten benutzen Sie zwei Sorten von Lob. Erstens ein ruhig gesprochenes (z. B. „Braaav"), mit dem Sie Zufriedenheit und Zustimmung ausdrücken und nach dem es gelegentlich eine Streicheleinheit und nur ab und zu ein Leckerchen gibt. Zweitens einen begeisterten kurzen Ausruf (z. B. „Fein!"), nach dem Ihr Hund jedes Mal ein Leckerchen oder Spielzeug bekommt. Mit diesem „Zauberwort" kennzeichnen Sie also den Moment, in dem Ihr Hund etwas macht, das Sie belohnen wollen.

▶ **Tadel** Verwenden Sie am besten auch zwei Arten von Tadel. Ein Hörzeichen (z. B. „Naaa!") bedeutet: „Hör sofort auf mit dem, was du tust oder vorhast, sonst gibt es Ärger!" Sprechen Sie es mit tiefer, knurriger und etwas lauterer Stimme aus und schreiten Sie gegebenenfalls energisch ein, falls Ihr Hund daraufhin nicht sofort seine Tätigkeit abbricht (siehe unter „Richtig strafen"). Eine anderes Hörzeichen (z. B. „Äh-äh") hat die Bedeutung: „Was du gerade vorhast, kannst du ebenso gut lassen, es funktioniert nämlich nicht!" Das „Äh-äh" wird freundlich-bedauernd ausgesprochen. Sollte Ihr Hund nicht darauf hören, strafen Sie ihn nicht, sondern sorgen nur dafür, dass das, was er tut, keinen Erfolg hat, z. B. indem Sie ihn mit der Leine zurückhalten oder etwas, das er sich nehmen wollte, aus seiner Reichweite schieben. Er wird später eventuell sogar besser auf „Äh-äh" reagieren als auf „Naaa!".

DER GRIFF IN DEN WERKZEUGKASTEN

Richtig belohnen

Belohnungen sind ein sehr mächtiges Erziehungsmittel. Alles, was Sie regelmäßig belohnen, wird Ihr Hund mit der Zeit öfter und zuverlässiger tun. Allerdings nur, wenn die Belohnung ihn auch wirklich freut! Ein Leckerchen oder ein Spielzeug, das Sie ihm aufdrängen müssen, ist keine Belohnung. Zuwendung von Ihnen oder das tun zu dürfen, was er gerade will, dagegen schon! Wenn Sie Ihrem Hund z. B. die Tür öffnen, wenn er gerade hinaus will, ist das immer auch eine Belohnung für das, was er gerade in der Sekunde davor getan hat. D. h. er wird es bald häufiger tun – sei es drängeln und kläffen oder ruhig warten!

Sobald er sitzt: „Fein!" und danach das Leckerchen geben.

Leckerchen sollten klein, schmackhaft und abwechslungsreich sein.

▸ **Richtig belohnen** Als Belohnung im Training sind Leckerchen am praktischsten. Sie sollten abwechslungsreich und schmackhaft, aber möglichst klein sein (für große Hunde etwa so groß wie ein Viertel Frolic-Ring, für kleine wie ein Katzenbreckie). Bringen Sie die Leckerchen griffbereit unter. „Markieren" Sie stets mit dem Wort „Fein!" den Moment, in dem Sie Ihren Hund belohnen möchten. Erst danach greifen Sie nach dem Leckerchen. Ihr Hund wird so viel besser verstehen, wofür genau er das Leckerchen bekommt.

▸ **Leckerchen-Lotto** Wenn Ihr Hund ein Hörzeichen oder ein erwünschtes Verhalten gerade erst lernt, belohnen Sie ihn am Besten jedes Mal, wenn er es richtig macht. So begreift er am schnellsten, was Sie von ihm wollen. Hat er die Sache im Wesentlichen begriffen, belohnen Sie nicht mehr jede einzelne Wiederholung. Statt „Fein" und Leckerchen gibt es dann nur ein „Brav". Möglicherweise ist Ihr Hund anfangs etwas

Gezügelte Gier

Bringen Sie Ihrem Hund bei, Leckerchen vorsichtig zu nehmen. Überlassen Sie Ihrem Hund ein Leckerchen grundsätzlich nur, wenn er es vorsichtig aus Ihrer Hand nimmt. Kneift oder schnappt er, sagen Sie „Äh-äh" und halten das Leckerchen mindestens fünf Sekunden zurück, ehe Sie es ihm erneut anbieten.

▸ RICHTIG BELOHNEN
▸ RICHTIG STRAFEN

enttäuscht und macht vorübergehend nicht mehr so gut mit. Er wird sich aber schnell daran gewöhnen, dass es nur noch für ca. jede dritte oder vierte Wiederholung eine Belohnung gibt. Klappt das, gehen Sie zum Zufallsprinzip über: Völlig unvorhersehbar für Ihren Hund gibt es mal eine Belohnung, aber manchmal (immer öfter) auch keine mehr. Dauerhaft auf alle Belohnungen verzichten können Sie allerdings nie. Wenigstens ab und zu muss Ihr Hund belohnt werden, sonst verlernt er das Verhalten wieder.

Richtig strafen

Strafe ist sehr schwierig zu handhaben. Denn wenn Sie auf falsche Weise strafen (etwa für die falschen Dinge, im falschen Moment, zu oft), verfehlen Sie nicht nur Ihr Ziel, sondern ängstigen Ihren Hund und verlieren sein Vertrauen. Trotzdem kann Strafe gelegentlich angebracht sein. Es macht nur dann Sinn, auf dieses Erziehungsmittel zurückzugreifen, wenn Sie Folgendes beachten:

▸ Unbedingt nur dann strafen, wenn Sie Ihren Hund auf frischer Tat ertappen – am besten, wenn er gerade dazu ansetzt, das Verbotene zu tun!
  So hart (aber individuell angepasst!) strafen, dass er wirklich beeindruckt ist. Er muss sein Tun sofort abbrechen!

Das Werfen von klappernden Gegenständen kann ausnahmsweise eine wirksame Strafe sein.

▸ Sie müssen Ihren Hund ausnahmslos jedes Mal bestrafen, wenn er das entsprechende Verhalten ausführen will. Inkonsequenz ist gerade bei Strafe absolut „tödlich".
▸ Hat Ihr Hund eine Tätigkeit bereits ein paar Mal ausgeführt und Spaß dabei gehabt, nützt Strafe nicht mehr viel. Strafen Sie also nur, wenn Sie ihn bereits beim ersten oder zweiten Mal erwischen können.
▸ Ebenso wie eine Belohnung sollten Sie eine Strafe normalerweise ankündigen („Naaa!"). Hört Ihr Hund dann sofort mit seinem Tun auf, wird er nicht bestraft.

Strafen oder nicht?

Ehe Sie beschließen, Ihrem Hund ein bestimmtes Verhalten mit Strafe abzugewöhnen, überlegen Sie, ob Sie wirklich alle Regeln einhalten können. Falls nicht, ist es besser, wenn Sie es erst gar nicht mit Strafe versuchen!

▸ **Strafen wie im Rudel** So können Sie das Verhalten eines erwachsenen Hundes gegenüber einem Welpen nachahmen, der nicht auf sein warnendes Knurren (unser „Naaa!") hört:
▸ Machen Sie mit drohender Körpersprache und bösem Blick ein paar

DER GRIFF IN DEN WERKZEUGKASTEN

Strafen wie im Rudel

1
Erste Eskalationsstufe: ein böser Blick, mit Nase runzeln und knurren.

2
Reicht das nicht, erfolgt ein drohender Vorstoß: „Ich meine es ernst!"

4
Der Schnauzgriff ist eine sanfte Zurechtweisung in ruhigeren Situationen oder einfach eine Rangdemonstration.

5
Mit 3 Monaten haben die Welpen gelernt, die verärgerte Hundemutter zu besänftigen, indem sie sich auf den Rücken rollen und „die Zunge herausstrecken".

▶ RICHTIG STRAFEN

3

Wer nicht schnell genug ausweicht, wird symbolisch abgeschnappt oder zu Boden gestoßen.

6

Den Schnauzgriff können wir Menschen ganz gut nachahmen.

schnelle Schritte auf den Hund zu. Dazu schimpfen Sie – nur ein paar Sekunden lang – mit lauter, tiefer Stimme. Hat Ihr Hund nicht aufgehört, bis Sie bei ihm ankommen, schubsen Sie ihn unwirsch beiseite.

▸ Greifen Sie ihm von oben für nur 1 bis 2 Sekunden mit offener Hand über die Schnauze und schieben diese zur Seite. Reicht das nicht, wiederholen Sie den Griff etwas härter, aber stets nur kurz.

▸ Reicht der Schnauzgriff nicht, drücken Sie ihn mit offener Hand schnell und energisch für ein bis zwei Sekunden im Nackenbereich zu Boden. Gegebenenfalls wiederholen Sie das Ganze etwas härter. Auf keinen Fall schütteln, auf den Rücken drehen oder länger unten festhalten!

▸ **Bei Welpen und Junghunden** Der Nackengriff eignet sich vor allem für Welpen und Junghunde und sollte nur wenige Male nötig sein, um den Warnlaut „Naaa!" zu etablieren. Falls nach ca. ein bis vier Wiederholungen in verschiedenen Zusammenhängen nicht das „Naaa!" allein ausreicht, läuft etwas grundsätzlich falsch. Vermutlich sind Sie einfach nur zu langsam und lasch. Vielleicht haben Sie aber auch einen der eher seltenen erregbaren und stressempfindlichen Welpen, die bei jeder körperlichen Zurechtweisung eskalieren, statt sich zurückzunehmen. Greifen Sie dann auf andere Mittel (z. B. Management, Auszeit) zurück!

DER GRIFF IN DEN WERKZEUGKASTEN

36 DER GRIFF IN DEN WERKZEUGKASTEN

„**Unpersönliche" Strafen** Bei erwachsenen Hunden sollte man normalerweise keinen Nackengriff benutzen. Erstens dürfte es eigentlich längst nicht mehr nötig sein, zweitens wissen Sie bei einem erst im Erwachsenenalter angeschafften Hund nicht, ob er sich das gefallen lässt. Gegebenenfalls kann man eine „unpersönliche" Strafe verwenden. Geeignet wäre z. B. der Strahl einer Wasserpistole oder ein „Wurfgeschoss" (z. B. ein Kissen oder eine Blechdose mit Münzen darin), das man in der Nähe des Hundes auf den Boden wirft. Auch dies sollte aber höchstens zwei bis drei Mal durchgeführt werden, um das „Naaa!" anzutrainieren.

Ignorieren und Auszeit

Ignorieren Vor allem bei aufmerksamkeitsheischendem und lästigem Verhalten wie beispielsweise Anspringen, Anbellen als Spielaufforderung, ständigem Anstupsen zum Gestreichelt werden oder Betteln ist Ignorieren das Mittel der Wahl. Tun Sie einfach so, als sei Ihr Hund Luft, sobald er anfängt, Sie zu belästigen. Ignorieren heißt: nicht angucken, nicht anfassen und nicht ansprechen – auch nicht schimpfen! Umgekehrt schenken Sie ihm gezielt dann Aufmerksamkeit, wenn er sich manierlich benimmt. Man kann nach diesem Schema auch Hunde umziehen, die sich solch ein Verhalten bereits angewöhnt haben. Sie müssen dann allerdings mit „Trotzanfällen" rechnen: Ihr Hund wird zunächst noch hartnäckiger „nerven", wenn Sie beginnen, ihn zu ignorieren. Bleiben Sie dann unbedingt konsequent! Wenn Sie nachgeben, lernt er nämlich nur, nächstens noch hartnäckiger zu sein.

Einsatz der Auszeit Eine Art Steigerung des Ignorierens ist die so genannte Auszeit. Auszeit bedeutet, dass Sie Ihrem Hund gezielt etwas entziehen, das er gerade gern haben will. Kurz gesagt: verbannen Sie ihn vorübergehend aus Ihrer Nähe nach dem Motto: „Wenn du

Sobald Ihr Hund sich in die Leine stemmt, bleiben Sie stehen. Es geht nur weiter, wenn er Sie „abgeholt" hat bzw. von selbst dafür sorgt, dass die Leine locker bleibt.

▶ IGNORIEREN UND AUSZEIT
▶ SICH DURCHSETZEN

Gezielter Einsatz

Selbstverständlich dürfen Sie Ihren Hund weder dauernd ignorieren noch dauernd aussperren, sondern immer nur für kurze Zeit und gezielt als Konsequenz einer Regelübertretung!

dich nicht benehmen kannst, kannst du eben nicht bei uns sein." Die Auszeit wird eingesetzt, wenn das Ignorieren nicht geht oder der Hund ein Verhalten zeigt, das ihm einfach so Spaß macht, auch ohne dass man ihm dafür Aufmerksamkeit schenkt.

So funktionierts Leiten Sie, sobald Ihr Hund beginnt, sich „schlecht" zu benehmen, ihre Erziehungsmaßnahme mit einem Kennwort ein (z. B. „Das war's!") und bringen ihn dann blitzschnell in einen Nebenraum (oder binden ihn ein paar Meter entfernt an). Ignorieren Sie ihn etwa dreißig bis sechzig Sekunden lang vollkommen, danach lassen Sie ihn wieder frei und geben sich dabei, als wenn nichts geschehen wäre. Er hat nun die nächste Chance, sich gut zu benehmen. Wichtig ist, dass Sie das Wegbringen durchziehen, selbst wenn er sich mit allen vieren dagegen stemmen sollte. Sprechen Sie dabei nicht mit ihm und fassen Sie ihn so wenig wie möglich an, da er dies als Aufmerksamkeit werten könnte. Damit Sie ohne entwürdigende Hetzjagd um den Wohnzimmertisch auskommen, sollte Ihr Hund in der Umerziehungszeit eine Schleppleine (ein bis zwei Meter) tragen, an der Sie ihn ergreifen können. Vermutlich müssen Sie die Prozedur ein paar Mal wiederholen, ehe Ihr Hund den Zusammenhang begreift, doch anschließend ist die Auszeit ein sehr wirksames Erziehungsmittel.

Sich durchsetzen

Vielleicht müssen Sie sich Ihrem Hund gegenüber auch mal per Zwang durchsetzen, z. B. wenn er für eine medizinische Untersuchung fest gehalten werden muss, er im Auto versucht, auf die Vordersitze zu klettern, oder er an der Leine partout in eine andere Richtung will als Sie. Auch dabei kann es zu Reaktionen kommen, die einem Trotzanfall gleichen – besonders wenn Sie versäumt haben, solche Dinge mit dem Welpen zu üben. Hunde können dann schon mal wie Eselchen bocken, sich winden wie ein Aal oder sich auf den Boden fallen lassen und schwer machen wie ein Kartoffelsack. Sie dürfen aber gerade dann keinesfalls nachgeben! Ihr Hund würde sonst die verhängnisvolle Erfahrung machen, dass er mit solchem Verhalten seinen Willen durchsetzen kann. Ziehen Sie Ihr Vorhaben also trotzdem durch – ohne lange zu bitten oder zu zögern, aber betont sachlich und gelassen. Lassen Sie ihn bei Pflegemaßnahmen erst los, wenn er still hält. Loben Sie ihn auch herzlich, sobald er nachgibt. Er wird das Ganze dann nicht als so schlimm erleben und Sie werden sich auch nur wenige Male so durchsetzen müssen. Traumatisch wäre es aber für ihn, wenn Sie ihn anschreien oder sonst wie einschüchtern oder zur Strafe absichtlich grob anpacken würden. Sie dürfen auch keinen Zwang anwenden, um ihn an etwas heranzuzerren, das ihm Angst macht!

DER GRIFF IN DEN WERKZEUGKASTEN

Gewöhnung

Hunde müssen sich leider an manches gewöhnen, das für sie unnatürlich und eher unangenehm ist, wie z. B. allein zu bleiben, im Auto mitzufahren oder einen gewissen Lärm zu ertragen. Dabei wird oft der Fehler gemacht, den Hund gewissermaßen kopfüber ins kalte Wasser zu stürzen. Überfordert ihn dies – bekommt er also echte Angst oder muss z. B. beim Autofahren brechen –, hat er einen sehr negativen ersten Eindruck von der Sache bekommen, was die weitere Gewöhnung extrem erschwert. Grundsätzlich muss eine Gewöhnung daher in so kleinen Schritten erfolgen, dass der Hund auf jeder Stufe noch gut mit der neuen Situation klarkommt.

Hör- und Sichtzeichen lehren

Egal was Sie Ihrem Hund beibringen wollen – das Prinzip ist immer gleich. Zuerst müssen Sie wissen oder ausprobieren, wie Sie Ihren Hund dazu bringen können, das gewünschte Verhalten auszuführen (z. B. durch Locken mit einem Leckerchen). Loben und belohnen Sie ihn in diesem Stadium schon, wenn er das Richtige tut. Ein Hörzeichen verwenden Sie aber erst, wenn Sie sicher sind, dass Sie ihn zuverlässig und wiederholt dazu bringen können, das Gewünschte zu tun. Sagen Sie ab da das Hörzeichen dazu, und zwar jeweils nur einmal ca. zwei Sekunden, ehe Sie das Verhalten auslösen. Im weiteren Verlauf der Übungen, während Ihr Hund durch

Deutliche Sichtzeichen erleichtern dem Hund das Lernen.

► GEWÖHNUNG
► HÖR- UND SICHTZEICHEN LEHREN

Wenn Sie die Aufmerksamkeit Ihres Hundes bekommen und halten können, ist alles andere „ein Klacks".

Wiederholung Routine bekommt und sich das neue Hörzeichen merkt, bauen Sie dann allmählich die anfänglich verwendeten Hilfen und Lockmittel ab. Dabei wird z. B. aus der Lockbewegung mit dem Leckerchen in der Hand eine kleine Handbewegung (Sichtzeichen). Soll Ihr Hund auch lernen, auf das Hörzeichen allein (ohne unterstützendes Sichtzeichen) zu hören, lassen Sie die Zeitlücke zwischen Hör- und Sichtzeichen allmählich immer größer werden (bis zu zehn Sekunden). Früher oder später reagiert er dann bereits auf das Hörzeichen allein. Loben und belohnen Sie ihn bis zu diesem Stadium noch jedes Mal, wenn er das Gewünschte tut.

Unter Ablenkung Nachdem Ihr Hund das neue Hörzeichen (Sichtzeichen) nun in den Grundzügen begriffen hat, müssen Sie das Gelernte festigen. Für Ihren Hund ist nämlich noch lange nicht klar, dass ein in der ablenkungsfreien Küche gelerntes „Sitz" auch im Wohnzimmer gilt oder auf der Straße, wenn ein anderer Hund vorbeikommt. Gehen Sie die Übung also an ganz verschiedenen Orten und in ganz verschiedenen Situationen durch. Ist er dabei anfangs verwirrt oder abgelenkt (was ganz normal ist!), helfen Sie ihm mit der Lockbewegung vom Beginn des Trainings. Wiederholen Sie die Übung auf diese Art mindestens einige Dutzend Male, wobei Sie ihn immer noch sehr großzügig loben und belohnen. Nun kennt Ihr Hund die neue Übung schon sehr gut und Sie können die Belohnungen verringern (siehe: „Richtig belohnen").

Kurze Wiederholungen Damit Ihr Hund in Übung bleibt und noch zuverlässiger wird, müssen Sie alle ihm bekannten Hör- und Sichtzeichen immer mal wieder mit ihm durchgehen. Üben Sie aber immer nur wenige Minuten am Stück oder zwischendurch im Alltag. Fordern Sie ihren Hund, indem Sie sich immer wieder neue Varianten der Übungen ausdenken und die Rahmenbedingungen weiter verändern (an anderen Orten, unter Ablenkung), aber überfordern Sie ihn nicht! Wenn Ihr Hund nicht mehr gut mitmacht, ist das in aller Regel ein Zeichen dafür, dass Sie Ihre Ansprüche zu schnell erhöht oder die Belohnungen zu schnell verringert haben – oder dass Sie ihn mit endlosen langweiligen Wiederholungen nerven!

DER GRIFF IN DEN WERKZEUGKASTEN

Nützliche

Grundübungen
– Erziehung Schritt für Schritt

Blickkontakt und Folgen

Ganz entscheidend ist, dass Sie jederzeit die Aufmerksamkeit Ihres Hundes bekommen können. Um Ihrem Hund beizubringen, sich auf Ihr Zeichen zu Ihnen umzudrehen und gegebenenfalls näher zu kommen, nehmen Sie, von ihm unbemerkt, ein Leckerchen in die Hand. Schnalzen Sie dann (alternativ: sagen Sie seinen Namen, klopfen sich ans Bein), wenn er gerade ein bis zwei Meter von Ihnen entfernt und nicht besonders abgelenkt ist. Schaut er sich daraufhin zu Ihnen um, loben Sie ihn augenblicklich überschwänglich und reichen ihm das Leckerchen. Falls Ihr Hund nicht reagiert, versuchen Sie es etwas später, wenn er weniger abgelenkt ist, noch einmal. Keinesfalls sollten Sie ihn an der Leine zu sich heranziehen! Reagiert er nach einigen Wiederholungen schon gut auf Ihre „Ansprache", loben Sie wie bisher, wenn er sich umschaut, drehen sich aber zusätzlich um und gehen flott von ihm weg. Holt er Sie ein, bekommt er sein Leckerchen. Das Weggehen motiviert ihn zusätzlich, denn Ihr Zeichen bedeutet für ihn: „Pass auf, dein Mensch läuft dir weg!"
Nach und nach üben Sie dann auch gezielt in Situationen mit einer gewissen Ablenkung. Die beiden Hilfsmittel „rasches Weggehen" und die „sofortige Leckerchengabe" können später weitgehend wieder abgebaut werden.

„Freiheit oder Leckerchen – soll ich wirklich kommen?"

Dicht herankommen

Auch wenn Ihr Hund gern bei Ihnen ist: jederzeit dicht heranzukommen und sich problemlos am Halsband fassen zu lassen ist für ihn nicht selbstverständlich, da es nur zu oft das Ende der Freiheit bedeutet. Fassen Sie also gelegentlich einfach von unten oder von der Seite in das Halsband Ihres Hundes und ziehen ihn etwas zu sich heran. Loben Sie ihn, geben ihm aus der anderen Hand ein Leckerchen – und lassen ihn wieder laufen! So verknüpft er die Aktion positiv und gewöhnt sich nicht an, Ihrer Hand auszuweichen.

▶ **Anstupsen** Bringen Sie ihm am besten auch bei, dass er an Ihre Hand stupst. Sie können ihn dann mit der Hand leicht dirigieren und eng zu sich heranlocken. Suchen Sie sich ein Handzeichen aus (Faust, Handfläche, „Victory"-Zeichen o. Ä.). Machen Sie Ihr Handzeichen wenige Zentimeter vor der Nase Ihres Hun-

NÜTZLICHE GRUNDÜBUNGEN   41

42 NÜTZLICHE GRUNDÜBUNGEN

Wenn Sie Ihren Hund öfter mal aus großen Entfernungen rufen, verknüpft er die Freude am Rennen mit Ihrem „Komm!" oder „Hier!"

des – er wird an der Hand schnuppern oder stupsen. Im selben Moment loben Sie („Fein!") und geben ihm ein Leckerchen aus der Tasche. Klappt das im Nahbereich, machen Sie Ihr Handzeichen auch, wenn er einige Meter von Ihnen entfernt ist und Sie gerade ansieht. Kommt er heran und stupst, loben und belohnen Sie ihn. Üben Sie auch, ihn mit dem Handzeichen an Ihre linke oder rechte Seite zu holen.

Kommen auf Ruf

Wenn Sie die vorher geschilderten Übungen zusammensetzen, haben Sie die Grundlage für das so wichtige Kommen auf Ruf. Machen Sie Ihren Hund aufmerksam oder warten Sie auf einen Moment, in dem er von selber guckt. Rufen Sie einmal mit freudigem Unterton (z. B. „Hier!"). Loben Sie ihn herzlich, während er auf Sie zuläuft. Kommt er näher, machen Sie Ihr Handzeichen. Ist er an Ihrer Hand angekommen, gibt es eine Belohnung. Erst nach etlichen Wiederholungen versuchen Sie dann auch zu rufen, wenn er gerade abgelenkt ist. Um ihn noch mehr zum Kommen zu motivieren, bewegen Sie sich danach von ihm weg und locken ihn vielleicht anfangs sogar mit einem Leckerchen oder Spielzeug. Bedenken Sie auch, dass Sie beim Rufen ohne Netz und doppelten Boden arbeiten, wenn Ihr Hund nicht angeleint ist! Fürs Kommen bekommt er deshalb öfter eine Superbelohnung. Um die Verknüpfung mit dem Hörzeichen „Hier!" zu stärken, rufen Sie es zusätzlich immer mal wieder, wenn Ihr Hund von sich aus auf Sie zuläuft. Vermeiden Sie es umgekehrt, zu rufen, wenn sowieso keine Aussicht besteht, dass er kommt.

Superbelohnungen

Besondere Leckerchen: Leberwurstbrot, Trockenfisch, getrocknete Leber, Käse
Spiele: Tauziehen, Frisbee jagen
Sozialspiele: rennen, herumtollen, knuddeln
Beliebte Tätigkeiten: Ball/Futter suchen, an interessanten Stellen herumschnüffeln, Spiel mit Hunden

- KOMMEN AUF RUF
- „LAUF!"
- BEI FUSS GEHEN UND NICHT ZIEHEN

„Lauf!"

Dieses angenehme Hörzeichen bedeutet für Ihren Hund, dass er jetzt wieder tun kann, was er will. Es hebt Hörzeichen wie „Fuß" und „Bleib" auf und nach dem Kommen schicken Sie ihn mit „Lauf!" wieder los. Er wird das Wort schnell begreifen, wenn Sie ihn danach durch Bewegung zum Aufstehen ermuntern oder ein wenig mit ihm spielen.

Bei Fuß gehen und nicht ziehen

Bei Fuß Ihr Hund sollte lernen, auf Ihr Zeichen („Fuß!") heranzukommen und neben Ihnen zu gehen. Eventuell bekommen Sie ihn mit dem Schnalzen aus der ersten Grundübung oder mit dem Handzeichen für „Komm an meine Hand" dazu. Andernfalls nehmen Sie anfangs ein paar Leckerchen in die Hand und locken ihn damit. Loben und belohnen Sie ihn, wenn er herankommt und auch während er neben Ihnen geht – anfangs alle paar Schritte, später natürlich seltener. Funktioniert das regelmäßig, kommt das Hörzeichen dazu. Geben Sie ihn immer am Ende der Übung mit „Lauf!" frei.

Nicht ziehen Da man nicht von einem Hund verlangen kann, ununterbrochen aufmerksam bei Fuß zu gehen, wann immer er angeleint ist (es sei denn, er könnte überwiegend frei laufen!), muss er auch lernen, nicht an der Leine zu ziehen. Ein spezielles Hörzeichen ist dafür nicht nötig, jedoch viel Durchhaltevermögen und eine eiserne Konsequenz Ihrerseits! Je früher im Leben Ihres Hundes Sie anfangen, desto besser. Am Besten geht das Training nach dem „Ampelprinzip": Sobald Ihr Hund zieht, bleiben Sie stehen (rot). Gehen Sie erst weiter, wenn er an lockerer Leine ungefähr neben Ihnen ist. Kommt er nicht von selbst zurück, ziehen Sie ihn nach einer Weile an Ihre Seite, warten einen Moment (gelb) und gehen dann weiter. Geht er so mit, dass die Leine locker bleibt (grün), loben und/oder belohnen Sie ihn gelegentlich und steuern ruhig auch mal Stellen an, zu denen er gerne hin möchte (z. B. um zu schnuppern).

Wenn Ihr Hund beim „bei Fuss" gehen unaufmerksam wird, wechseln Sie die Richtung und loben und belohnen ihn, wenn er wieder an Ihre Seite kommt.

NÜTZLICHE GRUNDÜBUNGEN

NÜTZLICHE GRUNDÜBUNGEN

Zeit zum Tragen

Viele Welpen sträuben sich bis zum Alter von ca. vier Monaten, an der Leine mitzugehen, weil ein starker Instinkt ihnen rät, beim Lager zu bleiben. Locken oder tragen Sie Ihre Welpen dann ruhig. Das Problem wächst sich aus.

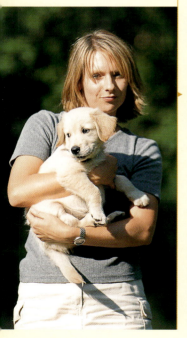

Wenn man noch so klein ist, darf man sich ruhig mal tragen lassen.

Gehen Sie insgesamt zügig, denn es ist für einen Hund eine Zumutung, sich Ihrem „Schneckentempo" anpassen zu müssen.

Zeitfenster Wenn Sie absolut konsequent sind und schnell reagieren, können Sie das Problem in drei bis vier Wochen im Großen und Ganzen „geknackt" haben, gelegentliche Rückfälle bei starker Ablenkung (Hunde, Wild...) oder Stress einmal ausgenommen. Der erste Spaziergang nach der neuen Regel wird der schlimmste sein (Stichwort: „Trotzanfall"). Eventuell kommen Sie in einer Stunde nur 200 Meter weit. Falls Sie im Alltag Probleme mit der Konsequenz haben, können Sie zwischen Halsband und Brustgeschirr wechseln: Am Geschirr darf Ihr Hund ziehen, am Halsband nie (oder umgekehrt). In verfahrenen Fällen hilft ein Kopfhalfter (Halti).

Die Decken-Übung

Es ist angenehm, wenn man den Hund dazu veranlassen kann, sich zeitweise abzulegen und ruhig zu verhalten. Am einfachsten erreichen Sie dies, indem Sie Ihren Hund lehren, auf einer Decke o.Ä. zu bleiben. Er darf darauf liegen, sitzen, stehen, sich kratzen, schlafen – Hauptsache, er bleibt auf der Unterlage und stört nicht weiter. Da es sich um eine „Langeweile"- und Entspannungsübung handelt, dauert sie von Anfang an 15 bis 30 Minuten. Lob, Streicheln oder Leckerli gibt es bei dieser Übung, wenn überhaupt, nur selten und nur, wenn Ihr Hund gerade entspannt ist, damit er richtig zur Ruhe kommt. Bei den ersten Übungen bleiben Sie ganz nah beim Hund und nehmen ihn an die Leine. Später können Sie nebenbei lesen oder fernsehen oder ihn auch frei ablegen und sich, je nach seinen Fortschritten, in der Wohnung herumbewegen, Hausarbeit verrichten usw.

Leg Dich Breiten Sie die Decke aus und locken Sie Ihren Hund darauf. Sagen Sie ein Hörzeichen (z. B. „Leg dich"). Ab jetzt verhindern Sie umgehend all seine Versuche, die Decke zu verlassen, indem Sie ihn mit „Äh-äh", mit Leine oder Händen wieder zurückziehen bzw. -schieben und sofort wieder loslassen (er lernt nichts daraus, wenn Sie ihn festhalten). Stoppen Sie ihn, sobald er die erste Vorderpfote über den Deckenrand setzt. Bleiben Sie ruhig und freundlich, aber

▶ DIE DECKEN-ÜBUNG
▶ „SITZ" UND „PLATZ"

konsequent. Protestjaulen o. Ä. ignorieren Sie. Knabbert er an der Decke oder Leine, verbieten Sie ihm das. Am Ende erlauben Sie ihm mit „Lauf!", die Decke zu verlassen. Sie werden sehen, dass die ersten Übungen zwar ein Geduldsspiel sind, Ihr Hund die Übung aber schnell akzeptieren wird.

„Sitz" und „Platz"

Traditionell bringt man dem Hund die Positionen „Sitz" (sitzen) und „Platz" (liegen) bei. Beides dient dazu, ihn für kurze Zeit an einen bestimmten Platz zu bannen. Im Alltag ist die Unterscheidung aber höchstens bei sehr großen Hunden wirklich wichtig. Sie können Ihrem Hund daher auch nur das meist einfachere „Sitz" beibringen und es ihm überlassen, ob er sich letztendlich hinlegen will, wenn die Übung etwas länger dauert.

Durch Ausprobieren lernt Ihr Hund nicht nur, dass Sitzen belohnt wird, sondern auch, dass Anspringen und Grabschen sich nicht auszahlt.

Sitz Halten Sie ihm fürs Sitzen ein Leckerchen ein bis zwei Zentimeter vor die Nase und bewegen Sie es nach hinten-oben. Wenn er dem Leckerchen folgt, setzt er sich automatisch – sagen Sie „Fein!" und geben ihm das Leckerchen. Aus dem Sitzen bekommen Sie ihn ins Liegen, indem Sie ihm ein Leckerchen vorhalten und es senkrecht nach unten auf den Boden bewegen. Legt er sich, loben Sie („Fein!") und geben ihm das Leckerchen. Klappt es nicht sofort, bleiben Sie hartnäckig. Versuchen Sie es

NÜTZLICHE GRUNDÜBUNGEN

46 NÜTZLICHE GRUNDÜBUNGEN

1+2 „Bleib."
3 „Hiiier!"

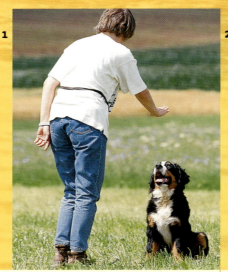

gegebenenfalls mit besonders guten Leckerchen und auf einem weichen Teppich. Erst wenn Sie ihn reibungslos in die Positionen locken können, sagen Sie jeweils vorher das entsprechende Hörzeichen. Bei weiteren Übungen verbergen Sie das Leckerchen zunehmend in der Hand und reduzieren dann zentimeterweise die nötigen Hilfsbewegungen mit der Hand. In diesem Stadium beenden Ihr „Fein!" und das Leckerli die Übung. Sagen Sie aber in dem Moment, in dem Ihr Hund aufsteht, zusätzlich „Lauf!".

▶ **Sitz und Bleib** Klappt das in Position locken, zögern Sie den Zeitpunkt der Belohnung sekundenweise heraus, bis Ihr Hund zwanzig bis dreißig Sekunden in Position bleiben und auf das Leckerchen warten kann.

Sie können nun beginnen, auch mal vom sitzenden (liegenden) Hund weg- und wieder zurückzugehen – zuerst nur einen Schritt, dann zwei, dann drei und so weiter. Halten Sie dabei seine Leine so, dass sie zwar am Halsband locker ist, aber nur wenige Zentimeter durchhängt. Steht er vorzeitig auf, hindern Sie ihn blitzschnell mit einem freundlichen „Äh-äh" und gleichzeitigem Kurzfassen der Leine daran, wegzugehen und sich anderweitig zu amüsieren. Beginnen Sie sofort danach von neuem mit der Übung. Wenn Ihr Hund immer wieder aufsteht, überfordern Sie ihn vermutlich gerade!
Beenden Sie die Übung stets nur, nachdem Ihr Hund mindestens zwei bis drei Sekunden in Position geblieben ist, mit einem deutlichen „Lauf!" und einer Belohnung danach.

▸ „WARTE"
▸ VORANGEHEN DURCH TÜREN

Bei so einer Affenhitze kommt man auch ohne Aufforderung gern ins kühle Haus...

Vorangehen durch Türen

Ebenso praktisch ist es, den Hund von sich wegschicken zu können, z. B. aus der Küche oder ins Auto. Stellen Sie sich mit ihm vor eine offene Tür und werfen Sie ein Leckerchen in den Raum. Loben Sie ihn, während er hineinläuft und es sich holt. Nachdem Sie den Vorgang einige Male wiederholt haben, täuschen Sie den Wurf nur an. Sobald Ihr Hund die Schwelle übertritt, loben Sie ihn und werfen ihm das Leckerchen hinterher. Wiederholen Sie den Vorgang, bis er von Ihnen weg durch die Tür geht, obwohl er

„Warte"

Dies Hörzeichen sagt Ihrem Hund, dass er an Türen oder Durchgängen zurückbleiben soll. Gehen Sie mit dem angeleinten Hund neben sich auf eine Türschwelle zu. Sobald er eine Pfote über die Schwelle setzen will, sagen Sie „Warte!" und stoppen Sie ihn beziehungsweise schieben oder ziehen ihn wieder zurück. Sobald er hinter der Schwelle ist, lassen Sie die Leine wieder locker beziehungsweise nehmen die Hände von ihm weg. Wiederholen Sie den Vorgang, bis er auf Ihr „Warte!" von selbst hinter der Schwelle bleibt. Dann loben Sie ihn und ermuntern ihn entweder mit „Lauf!" oder „Komm", Ihnen zu folgen, oder gehen Sie zu ihm zurück. Üben Sie an verschiedenen Durchgängen und Türen, auch an der Heckklappe oder Tür Ihres Autos.

NÜTZLICHE GRUNDÜBUNGEN 47

weiß, dass Sie nichts geworfen haben. Gegebenenfalls wechseln Sie noch eine Zeit lang echte Würfe mit angetäuschten ab. Die ehemalige Wurfbewegung wird zum Sichtzeichen, dem Sie noch ein Hörzeichen (zum Beispiel „Bitteschön") voranstellen können. Üben Sie an verschiedenen Türen und schließen die Tür auch einmal für ein paar Sekunden hinter ihm, wobei er sein Leckerchen dann erst bekommt, wenn Sie die Tür wieder aufmachen.

Nein und Aus

Nein („Naaa!") bedeutet: Wage es nicht!" oder „Hör sofort auf!". Wie Sie es beibringen, ist im Grunde schon unter „Richtig strafen" erklärt. Am besten stellen Sie ein paar Übungssituationen.

Legen Sie ein Leckerchen, einen Kauknochen oder ein Spielzeug vor sich auf den Boden und sagen „Naaa!". Will Ihr Hund es nehmen, wiederholen Sie Ihr „Naaa!" und schubsen ihn weg. Reicht das nicht, gehen Sie zum Schnauzgriff und – falls auch das nicht reicht – zum Nackengriff über, jeweils vorher angekündigt durch ein weiteres „Naaa!". Nach wenigen Übungen sollte Ihr „Naaa!" auch im Alltag anwendbar sein, z. B. wenn Ihr Hund dazu ansetzt, etwas vom Tisch zu klauen.

Beutetausch Falls Ihr Hund ein kleineres Objekt bereits im Maul hat, haben Sie mit dem Nein aber unter Umständen schlechte Karten! Die meisten Hunde entdecken schnell, dass wir Menschen hilflos dastehen, wenn sie mit dem

Wenn Sie den Gartenhandschuh noch brauchen, kann man nur hoffen, dass Sie das Ausgeben gut genug geübt haben.

▶ NEIN UND AUS

Vielleicht ist Ihr Hund ja bereit, den Handschuh gegen ein Hundespielzeug einzutauschen.

Objekt weglaufen oder es einfach herunterschlucken, was gefährlich werden kann, wenn es sich um Plastik, Silberpapier o. Ä. handelt. Üben Sie deshalb das „Aus!" (= „Gib mir, was du im Maul hast.") am besten schon ehe Ihr Hund solche unerfreulichen Erfahrungen machen konnte. Ihr Hund hat einen Kauknochen, ein Spielzeug o. Ä., Sie haben etwas besseres, z. B. ein sehr schmackhaftes Leckerchen. Sagen Sie aus zwei bis drei Meter Entfernung freundlich „Aus!", gehen Sie zu ihm und halten Sie ihm Ihr „Tauschobjekt" vor die Nase. Lässt er sein Objekt los, um Ihres zu nehmen, ergreifen Sie es mit der anderen Hand, loben ihn, schauen es sich kurz an und geben es ihm wieder zurück. Das Tauschobjekt darf er ebenfalls behalten! Wenn er das Wort „Aus!" positiv verknüpft hat, brauchen Sie kein Tauschobjekt mehr. Falls Sie seinen „Be-

sitz" einbehalten müssen, sollten Sie ihn jedoch großzügig für seine Gabe „entschädigen". Sollte er sich schon angewöhnt haben, in solchen Situationen Menschen auszuweichen, üben Sie zuerst an der Leine und geben ihm vorerst nur etwas Gutes zu seinem Objekt dazu, bis er sein berechtigtes Misstrauen gegen ihre Annäherung abgebaut hat. Sollte er sogar knurren, werfen Sie ihm das Leckerchen zu Beginn zu, so dass er sicher sein kann, dass Sie ihm nichts wegnehmen werden.

Check Wie oft und wie lange üben?

Für die Grundübungen gilt:
- Üben Sie an 5 Tagen der Woche.
- Eine bestimmte Übung muss dabei nicht unbedingt jeden Tag durchgenommen werden, aber mindestens 3 mal die Woche.
- Üben Sie jeweils nur wenige Minuten (5–10) am Stück.
- Eine einzelne Übung wiederholen Sie innerhalb einer Übungseinheit ca. 4–6 Mal (bei Fuß gehen ca. 2 Minuten).
- „Naaa!" üben Sie nur gelegentlich.
- Beenden Sie eine Trainingseinheit mit einer erfolgreichen Übung.
- Üben Sie nur, wenn Sie selbst Lust haben.
- Üben Sie auch an verschiedenen Orten und bei Ablenkung.

NÜTZLICHE GRUNDÜBUNGEN

Den Alltag

bewältigen
– harmonisch zusammenleben

Sauberkeit und Ordnung

Falls Sie einen Welpen haben, muss er lernen, in der Wohnung sauber zu sein und nichts kaputtzumachen oder zu klauen. Dazu sollten Sie ihn unbedingt die erste Zeit rund um die Uhr entweder so beschäftigen und unterbringen (Laufstall, neuer Kauknochen), dass er nichts Falsches tun kann oder ihn lückenlos beaufsichtigen. Geben Sie ihm genug zu spielen und zu erkunden, damit er nicht auf Ihre Wohnungseinrichtung angewiesen ist, um sich zu amüsieren. Knabbert er etwas an oder will es klauen, warnen Sie mit „Naaa!" und schreiten danach gegebenenfalls mit einer Strafe ein. Damit Sie ihn vor allem am ersten Tag nicht dauernd zusammenstauchen müssen, können Sie ihn aber auch einfach nur ablenken oder wegholen.

Stubenreinheit Falls er sich anschickt, ein „Geschäft" in der Wohnung zu machen, unterbrechen Sie ihn und tragen ihn hinaus. Strafen Sie ihn in diesem Zusammenhang nie. Er würde nur verstört sein, wenn Sie ihn „angreifen", weil er sein Geschäft macht, da das unter Hunden völlig unüblich ist. Selbstverständlich dürfen Sie ihn auch nie im Nachhinein strafen! Ansonsten ist Stubenreinheit ein fast reines Verknüpfungslernen: Sorgen Sie dafür, dass Ihr Welpe so selten wie möglich drinnen macht und er lernt ganz automatisch, wo das richtige „Örtchen" ist. Beschleunigen können Sie die Sache durch einen regelmäßigen Tagesablauf, indem Sie ihn oft hinausbringen, loben, wenn er sich draußen löst und gut darauf achten, wie Ihr spezieller Hund sich bemerkbar macht, wenn er muss.

Nicht lästig sein

Was Sie vielleicht anfangs noch niedlich finden, kann mit der Zeit sehr lästig werden. Überlegen Sie deshalb gut, ob Sie es fördern wollen, wenn Ihr Hund bettelt, mit Stupsen und Pfötlen Streicheleinheiten verlangt oder bellt, damit Sie mit ihm spielen, spazieren gehen oder ihn füttern. Ziehen Sie rechtzeitig die Bremse, wenn er zu häufig oder zu aufdringlich solch forderndes Verhalten zeigt, indem Sie einfach nicht darauf eingehen. Nützlich ist auch ein Hörzeichen (z. B. „Jetzt nicht!"), das Sie jeweils sagen, ehe Sie selbst Spiel oder Streicheln beenden oder wenn Sie nicht auf seine Aufforderungen eingehen werden. Sie können ihn mit diesem Wort schon

Damit Ihr Welpe lernt, nichts kaputt zu machen, müssen Sie ihn lückenlos beaufsichtigen.

DEN ALLTAG BEWÄLTIGEN 51

52 DEN ALLTAG BEWÄLTIGEN

Sobald Ihr Hund Sie anspringt, ist er „Luft" für Sie.

Erst wenn er einige Sekunden unten geblieben ist...

...schenken Sie ihm wieder Aufmerksamkeit.

bald problemlos abweisen, wenn Sie gerade keine Zeit oder Lust haben, sich mit ihm zu beschäftigen. Wichtig bei all dem ist natürlich, dass Sie die Bedürfnisse Ihres Hundes nach Gesellschaft und Beschäftigung insgesamt nicht vernachlässigen!

Springen oder nicht springen?

Ein Hund, der niemanden anspringt, gewinnt allein dadurch viele Sympathien. Eigentlich lässt sich das Anspringen leicht abgewöhnen, indem Sie Ihren Hund konsequent vom allerersten Tag an nur dann beachten, wenn er mindestens die letzten drei bis fünf Sekunden unten war und ihn ignorieren, sobald er Sie anspringt. In der Praxis kommen einem zwei Dinge in die Quere: Erstens „liebe" Mitmenschen, die Ihre Erziehungsbemühungen untergraben, indem sie Ihren Hund streicheln, wenn er hochspringt oder ihn sogar zum Anspringen ermuntern. Handelt es sich um einen Ihnen bekannten Menschen, versuchen Sie am besten, ihn zur Mitarbeit zu bewegen. Hunde, die anspringen, können Personen ernsthaft gefährden, auch wenn sie „nur lieb" sind und deshalb in der Öffentlichkeit kaum von der Leine gelassen werden. Ihnen selbst drohen Anzeigen und Beschimpfungen. Wer Sie und Ihren Hund wirklich mag, wird also ganz sicher mitziehen. Passanten können Sie natürlich nicht jedes Mal einen langen Vortrag halten. Sie

▶ SPRINGEN ODER NICHT SPRINGEN?
▶ NADELSPITZE WELPENZÄHNCHEN

Und da sehen Sie, warum Hunde so hartnäckig anspringen: der „Mundwinkelstoß" ist eine arttypische Begrüßungsgeste.

Hund leichter, sich zu beherrschen. Vielleicht können Sie seine Erregung auch umlenken, indem Sie ihm ein Spielzeug zum Herumtragen anbieten oder ein paar flotte Gehorsamsübungen einschalten.

Nur wenn alle anderen Bemühungen versagen, sprühen Sie ihm, wenn er hochspringt, mit einer Blumensprühflasche Wassernebel direkt auf die Nase und bieten gegebenenfalls ein paar Hilfspersonen auf, die dasselbe tun.

müssen Ihren Hund daher gegebenenfalls im Park ein paar Wochen lang an die (lange) Leine nehmen, um Begegnungen verhindern oder abbrechen zu können, die seiner Erziehung schaden könnten. Dasselbe gilt, wenn Sie Besuch bekommen.

Das zweite Problem ist der Hund selber. Da der „Mundwinkelstoß" zum natürlichen Begrüßungsverhalten gehört, neigen viele Hunde sehr dazu, bei freudiger Erregung hochzuspringen. Wurde dieses Verhalten bereits über längere Zeit durch Aufmerksamkeit verstärkt, kann es recht hartnäckig sein. Gegebenenfalls begrüßen Sie Ihren Hund einige Wochen lang nicht sofort beim Hereinkommen, sondern erst einige Minuten später. Dies nimmt einfach einiges an Aufregung aus dem Moment des Nachhausekommens und macht es Ihrem

Nadelspitze Welpenzähnchen

Welpen beißen normalerweise im Spiel. Sie müssen jedoch schleunigst lernen, dass das nicht geht. Wenn Ihr Welpe in Ihre Kleidung oder Haut beißt, reagieren Sie am besten folgendermaßen: Rufen Sie „Aua!", wenden sich abrupt ab und unterbrechen das Spiel für mindestens zehn Sekunden. Reicht das nicht, „knurren" Sie „Naaa!", stehen dabei bocksteif da und starren einige Sekunden böse vor sich hin. Reicht das nicht, wenden Sie einen Schnauzgriff oder Nackengriff an. (Falls Ihr Welpe darauf mit Gegenwehr und Stress reagiert, machen Sie stattdessen eine Auszeit.) Wenn Sie kleinere Kinder haben, müssen Sie gegebenenfalls selber eingreifen. Nutzen Sie auch Managementmaßnahmen: Trennen Sie Kind und Hund, lenken Sie ab, unterbrechen Sie das Spiel, wenn es entgleist und allzu wild wird oder noch besser bevor das passiert.

DEN ALLTAG BEWÄLTIGEN

Noch ist er ein bisschen kitzelig, aber mit etwas Übung wird es schon werden.

Falls Ihr Hund bei Ihrer Annäherung misstrauisch mit seiner Beute flieht, üben Sie verstärkt das „Aus".

Leinebeißen Auch das Leinebeißen sollten Sie gar nicht erst einreißen lassen. Sagen Sie „Naaa!", sobald Ihr Welpe die Zähnchen an die Leine setzt. Hört er nicht sofort auf, nehmen Sie ihm die Leine mit einem Schnauzgriff aus dem Maul – notfalls zehn Mal hintereinander, bis er das Knabbern unterlässt.

Geben Sie ihm dann (ja, erst dann!) eventuell etwas anderes zum Tragen und spielen. Wenn ein Hund hartnäckig in die Leine beißt, kann das übrigens auch ein Zeichen von Stress sein! Machen Sie sich dann Gedanken, worin der Grund liegen könnte.

Duldsamkeit

Mit jedem einzelnen Welpen muss man auch heute noch eine Art Zähmung durchführen. Hände, die nach ihm fassen, sollten für jeden Hund etwas Angenehmes und kein Grund zur Aufregung sein. Fassen Sie Ihn daher viel an. Streicheln Sie ihn öfter mit langen, beruhigenden Strichen am ganzen Körper oder kraulen Sie ihn ausgiebig. Üben Sie auch häufig, ihn zu bürsten, Ohren, Pfoten und Zähne zu kontrollieren und ihn ein paar Sekunden lang fest zu halten. Beim Welpen können Sie dies einfach freundlich, aber bestimmt durchziehen,

▶ DULDSAMKEIT
▶ ALLEIN BLEIBEN

auch wenn er zappelt oder sich sträubt. Den erwachsenen Hund oder außergewöhnlich wehrigen Welpen füttern Sie nebenbei mit Leckerchen und arbeiten sich ganz behutsam an jene Stellen vor, an denen er nicht so gern angefasst werden mag.

Allein bleiben

Auch an das Alleinbleiben und an das Warten hinter einer Barriere oder Angebunden sein müssen Sie Ihren Hund nach und nach in ganz kleinen Schritten gewöhnen. Leichter geht das natürlich, wenn er gerade satt und müde ist. Beginnen Sie mit dem Anbinden oder Warten hinter einem Zaun oder Gitter. Er kann sich langsam daran gewöhnen, dass er nicht immer ganz dicht bei Ihnen sein kann. Binden Sie ihn zum Beispiel an, entfernen Sie sich einige Schritte und warten ein paar Sekunden. Bleibt er ruhig, gehen Sie wieder zu ihm zurück und loben ihn. Sollte er bellen, jaulen oder an der Leine zerren, ignorieren Sie ihn auf jeden Fall und gehen Sie erst wieder hin, wenn er mindestens drei Sekunden ruhig geblieben ist. Dehnen Sie die Zeit, die er warten muss, nach und nach aus.

Können Sie ihn ein paar Minuten anbinden oder hinter einer Abtrennung lassen, beginnen Sie mit dem Alleinbleiben. Ihr Hund sollte zufrieden und müde oder mit einem Spielzeug beschäftigt sein. Gehen Sie aus dem Raum und kommen nach kurzer Zeit wieder herein. Beachten Sie Ihren Hund kaum. Der Vorgang soll ganz normal für ihn sein. Nach und nach bleiben Sie immer etwas länger weg. Klappt es eine Viertelstunde, sind längere Zeitabschnitte in der Regel kein Problem mehr. Falls er jault oder bellt, machen Sie auf keinen Fall die Tür auf, ehe er nicht mindestens drei Sekunden still war!

DEN ALLTAG BEWÄLTIGEN

Passen Sie auf, dass sich der kleine Racker keine eignen Spiele sucht und Ihren Garten umgräbt.

Ein Hund ist kein Gartenzwerg

Ein Garten ist zweifellos eine feine Sache. Auch aus Sicht des Hundes, der sich – dort allein gelassen – auf Hundeart vergnügen wird, indem er den Rasen mit Kratern versieht, die Sträucher schreddert und eifrig alles verbellt, was sich bewegt. Und falls der Garten nicht eingezäunt ist, dehnt er seine Aktivitäten auch auf die Nachbarschaft aus …

Gartenpflege auf Hundeart Im ersten Jahr mit einem Welpen schützen Sie am besten Pflanzen und Beete, die Ihnen wichtig sind, mit einem Drahtzaun und wappnen sich ansonsten mit Gelassenheit. Natürlich wird er Löcher buddeln, Zweige abkauen und auf den Rasen machen. Aber all das wächst sich aus. Erwachsene Hunde machen ihr Geschäft von sich aus lieber außerhalb des Gartens, da es ja auch zur Reviermarkierung dient. Und im zweiten Sommer

Gemeinsame Gartennutzung

Nutzen Sie Ihren Garten zusammen mit Ihrem Hund, aber nicht als „Abstellkammer" für ihn. Sonst sind Probleme vorprogrammiert.

wird es relativ einfach sein, dem nunmehr nicht mehr ganz so kindsköpfigen Hund klarzumachen, wo Buddelverbot herrscht und dass er die Sträucher in Ruhe lassen soll. Allerdings müssen Sie ihn dazu sehr gut beaufsichtigen.

Hereinkommen Das Hereinkommen aus dem Garten wird oft zum Problem, da der junge Hund lieber draußen bleiben will. Geben Sie ihm daher ruhig öfter mal ein Leckerchen fürs Hereinkommen und rufen Sie ihn auch oft herein, nur um ihn anschließend sofort wieder hinauszulassen. Sollte er partout nicht hereinkommen wollen und stattdessen draußen wie wild herumrasen, ignorieren Sie dies am besten. Auch solche „Rennfieberanfälle" wachsen sich aus.

▶ EIN HUND IST KEIN GARTENZWERG

Hunde können auch hohe Zäune oder Mauern überwinden, wenn sie den Bogen erst einmal raus haben.

Grenzen zeigen Ihr Garten braucht keinen zwei Meter hohen Gartenzaun aufzuweisen, um Ihren Hund in Schach zu halten. Wenn Sie gut aufpassen, können Sie auch einen niedrigen Gartenzaun als symbolische Grenze etablieren, indem Sie die allerersten Versuche Ihres Hundes, darüber zu klettern oder zu springen (meist in der pubertären „Flegelzeit" mit fünf bis sechs Monaten), unterbinden.
Seien Sie dabei nicht zimperlich: schubsen Sie ihn wortlos herunter, reißen ihn mit der Leine zurück, werfen Sie einen Gegenstand, der gerade griffbereit ist, nach ihm oder bespritzen ihn mit Wasser, je nachdem was sich gerade anbietet. Hauptsache, er bekommt den Eindruck, der Zaun sei unüberwindlich!

Übereifriger Wächter Wenn Ihr Hund territorial veranlagt ist (wie die meisten Hunde), wird er vermutlich spätestens in der Pubertät anfangen, Passanten usw. anzubellen, die am Zaun vorbeigehen. Wenn Sie ihm erlauben, viel allein im Garten zu sein, ist das so, als stellten Sie ihn als Wachtposten auf. Gerade junge Hunde sind von dieser Aufgabe entweder begeistert oder gestresst und bellen daher übertrieben oft und heftig. Beschränken Sie also den Zugang zum Garten im Wesentlichen auf die Zeit, in der Sie auch draußen sind, damit Ihr Hund sich nicht zum Zaunkläffer entwickelt. Bellt er dann, rufen Sie ihn zurück (eventuell anfangs erst, wenn er sich etwas abgeregt hat) und belohnen ihn, wenn er zu Ihnen kommt.

DEN ALLTAG BEWÄLTIGEN

58 DEN ALLTAG BEWÄLTIGEN

Mit einer langen Leine können Sie verhindern, dass Ihr Hund unerwünschte Lernerfahrungen macht.

Schleppleine
Bei Welpen und Junghunden ist ein Brustgeschirr mit ein paar Metern Schleppleine ideal. Sie haben so, wenn nötig, schnelleren Zugriff.

Im Auto unterwegs
Autofahren ist für Hunde unnatürlich – kein Wunder, dass vielen dabei schlecht wird oder sie Angst bekommen. Eine Gewöhnung ist aber gut möglich, sofern sie in ganz kleinen Schritten erfolgt. Üben Sie zuerst bei abgeschaltetem Motor, bis Ihr Hund sich dabei wirklich wohl fühlt. Sitzen Sie einfach mit ihm im Auto und geben ihm ein paar Leckerchen. Dann machen Sie dasselbe mit eingeschaltetem Motor. Geht auch das stressfrei, fahren Sie einmal die Einfahrt rauf und runter. Bei der weiteren Gewöhnung vergrößern Sie die Strecke auf ein paar hundert Meter, dann auf ein bis zwei Kilometer usw. Sie können z. B. einen Block weit fahren, aussteigen, spazieren gehen und wieder nach Hause fahren. Auf diese Weise macht Ihr Hund viele kleine Autofahrten, die so kurz sind, dass ihm eigentlich gar nicht schlecht werden kann und die mit Annehmlichkeiten verbunden sind. Sichern Sie Ihren Hund im Auto mit einem Hunde-Sicherheitsgurt oder einem in die Karosserie eingehängten Netz oder Gitter. Üben Sie auch das „Warte!" an der offenen Tür oder Heckklappe und das Einsteigen extra ohne Zeitdruck.

Zu Fuß unterwegs
Ihr Hund möchte auf dem Spaziergang nicht nur frische Luft genießen und sich die Füße vertreten, sondern etwas erleben und gemeinsam mit Ihnen etwas unternehmen. Wenn Sie ihm keine Beschäftigungen anbieten, wird er sich selbst welche suchen, die Ihnen nicht unbedingt gefallen werden, wie z. B. Wild, Jogger, Fahrradfahrer und Katzen jagen, Wildfährten folgen, Unrat fressen, unkontrollierbar auf Hunde und Menschen zustürzen, um sie zu begrüßen, usw. Die Gefahr, dass einem der Hund aus Mangel an Führung „entgleitet" und schließlich, unkontrollierbar

- IM AUTO UNTERWEGS
- ZU FUSS UNTERWEGS
- HUNDEBEGEGNUNGEN

Bei einer so eindeutigen Spielaufforderung können Sie sicher sein, dass dieser Hund freundliche Absichten hat.

Hundebegegnungen

Natürlich brauchen Hunde Kontakt zu Artgenossen, aber manchmal wird dabei auch zu viel des Guten getan. Junge Hunde wollen zwar meist mit jedem Artgenossen spielen, dem sie begegnen. Aber viele erwachsene Hunde spielen nur noch mit wenigen festen Hundefreunden. Dafür ist jede Begegnung zwischen zwei fremden erwachsenen Hunden immer auch eine Art Machtspielchen. Das kann stressig für den Hund sein, auch wenn es normalerweise nicht zu ernsthaften Auseinandersetzungen kommt. Achten Sie deshalb darauf, ob Ihr Hund wirklich gern Artgenossen trifft und gut mit ihnen auskommt.

geworden, kaum mehr von der Leine gelassen werden kann, ist besonders im zweiten Lebenshalbjahr groß.

▶ **Bindung bindet** Binden Sie Ihren Hund daher besonders im ersten Lebensjahr an sich, indem Sie sich viel mit ihm beschäftigen. Gehen Sie oft neue Wege. Machen Sie öfter unerwartete Tempo- und Richtungswechsel oder verstecken Sie sich heimlich. Gehen Sie im Großen und Ganzen zügig und ohne dauernd zu rufen, aber belohnen Sie ihn oft, wenn er von selbst zu Ihnen kommt oder mit Ihnen die Richtung wechselt. In unübersichtlichen Situationen oder wenn Sie unkonzentriert sind, gehört er an die Leine – lieber einmal zu oft als zu selten. Viele seiner Bedürfnisse (nach Mäusen buddeln, herumschnuppern und Markierungen hinterlassen usw.) kann ein Hund sowieso ebenso gut an der (langen) Leine befriedigen wie frei laufend.

DEN ALLTAG BEWÄLTIGEN

Übungsgruppen sind eine gute Gelegenheit, das ordentliche aneinander Vorbeigehen zu üben. Ein Leckerchen vor der Hundenase hilft anfangs.

Falls er in der Regel angespannt und mit viel Imponierritualen auf andere Hunde zugeht und öfter in Rangeleien verwickelt ist, tun Sie ihm vermutlich eher einen Gefallen, wenn Sie nicht täglich mit ihm auf die Hundewiese gehen.

Rüpel meiden Weichen Sie Situationen aus, in denen Ihre Hündin von einem allzu aufdringlichen Rüden belästigt wird oder in denen Ihr Hund von anderen gemobbt (drangsaliert und herumgescheucht) wird – oder dies selber mit anderen Hunden tut! Junge Welpen und Kleinhunde sollte man ebenfalls davor bewahren, von größeren Rüpeln als „Spielzeug" missbraucht zu werden. Wenn einer der beiden Hunde wiederholt in die Luft schnappt oder quietscht, sehr angespannt wirkt, die Rute einklemmt oder versucht zu fliehen, während der andere ihn niederhetzt oder ihn immer wieder zur Unterwerfung zwingt, ist das für beide kein gutes Spiel. Machen Sie kein Drama daraus, aber gehen Sie mit Ihrem Hund weg.

Leinenbegegnungen Wenn Ihnen ein angeleinter Hund entgegenkommt, nehmen Sie Ihren Hund bitte auch an die Leine und verständigen Sie sich gegebenenfalls mit dem anderen Hundebesitzer, ob er eine Begegnung zulassen will. Der andere Hund ist vielleicht ängstlich, bissig oder krank und sein Besitzer hat womöglich gute Gründe, einer Begegnung auszuweichen. Wenn Sie

▶ BEGEGNUNGEN MIT MENSCHEN

Ihren Hund einfach so zu einem angeleinten Hund laufen lassen, ist das daher rücksichtslos bis gefährlich.

Lockere Leinen Falls Sie Ihren Hund an der Leine zu einem anderen Hund lassen wollen, sorgen Sie dafür, dass seine Leine locker ist und versuchen Sie, die Hunde bei ihrer Kontaktaufnahme möglichst wenig zu behindern. Eine straffe Leine leistet Aggressionen Vorschub. Sie würgt den Hund, stresst ihn und behindert ihn in seinem normalen Ausdrucksverhalten, da er eine verfälschte Körpersprache hat, wenn er in der Leine hängt. Schlimmstenfalls kann sich daraus sogar mit der Zeit eine Leinenaggression entwickeln, d.h. Ihr Hund randaliert an der Leine, wenn andere Hunde vorbeikommen. Vor allem sollten Sie nie zulassen, dass sich zwei Hunde an straffer Leine durch heftiges Leineziehen zueinander vorarbeiten (zumal dabei auch noch schlimmes Leineziehen eingeübt wird!).

Abstand halten Falls also an der Leine keine Begegnung stattfinden soll, halten Sie am Besten von vornherein genug Abstand zu dem anderen Hund, so dass Ihr Hund gleich merkt, dass es diesmal kein Beschnuppern geben wird und einigermaßen ruhig bleiben kann. Benutzen Sie zudem etwas „Hundesprache", um den beteiligten Hunden zu zeigen, dass diesmal ein neutrales Vorbeigehen erwünscht ist: machen Sie mit Ihrem Hund einen deutlichen Bogen um den anderen Hund (ggf. mehrere Meter). Nehmen Sie ihn evtl. zusätzlich auf die vom anderen Hund abgewandte Seite. Versuchen Sie, ihn durch „Ansprache" und Leckerchen auf sich zu konzentrieren, damit er den anderen Hund nicht anstarrt. Diese Maßnahmen helfen nicht nur dabei, Aggressionen zu vermeiden, sondern auch einen verspielten Junghund an Artgenossen vorbei zu bekommen.

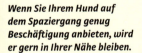

Wenn Sie Ihrem Hund auf dem Spaziergang genug Beschäftigung anbieten, wird er gern in Ihrer Nähe bleiben.

Begegnungen mit Menschen
Diese Regeln gelten auch für das Vorbeigehen an Passanten, gerade, wenn Ihr junger Hund Fremde anspringen will. Holen Sie Ihn vorbeugend heran und geben ihm ein Leckerchen, wenn ein Jogger, Skater o.Ä. vorbeikommt, wie es bei der Übung „Blickkontakt und Folgen" beschrieben ist. Mit der Zeit wird Ihr Hund automatisch zu Ihnen kommen oder Blickkontakt zu Ihnen suchen, wenn ein Passant entgegenkommt.

DEN ALLTAG BEWÄLTIGEN

Zum Weiterlesen

Coren, Stanley: **Die Geheimnisse der Hundesprache.** Kosmos, Stuttgart 2002.

Feddersen-Petersen, Dorit: **Hundepsychologie.** Kosmos, Stuttgart 2004.

Führmann, Petra und Nicole Hoefs: **Erziehungsspiele für Hunde.** Kosmos, Stuttgart 2002.

Führmann, Petra und Nicole Hoefs: **Erziehungsprobleme beim Hund.** Kosmos, Stuttgart 2004.

Harries, Brigitte: **Hundesprache verstehen.** Kosmos, Stuttgart 2002.

Harries, Brigitte: **Kenne ich meinen Hund?** Kosmos, Stuttgart 2004.

Hoefs, Nicole und Petra Führmann: **Das Kosmos Erziehungsprogramm für Hunde.** Kosmos, Stuttgart 1999.

Jones, Renate: **Welpenschule leicht gemacht.** Kosmos, Stuttgart 2002.

Krämer, Eva-Maria: **Hunderassen.** Kosmos, Stuttgart 2004.

Pietralla, Martin: **Clickertraining für Hunde.** Kosmos, Stuttgart 2000.

Schöning, Barbara: **Hundeverhalten.** Kosmos, Stuttgart 2001.

Schöning/Steffen/Röhrs: **Hundesprache.** Kosmos, Stuttgart 2004.

Tellington-Jones, Linda: **Tellington-Training für Hunde.** Kosmos, Stuttgart 1999.

Theby, Viviane und Michaela Hares: **Agility.** Kosmos, Stuttgart 2003.

Theby, Viviane: **Hundeschule.** Kosmos, Stuttgart 2002.

Winkler, Sabine: **Hundeerziehung.** Kosmos, Stuttgart 2000.

Winkler, Sabine: **So lernt mein Hund.** Der Schlüssel für die erfolgreiche Erziehung und Ausbildung. Kosmos, Stuttgart 2001.

Nützliche Adressen

Verband für das deutsche Hundewesen VDH e.V.
Westfalendamm 174
D-44141 Dortmund
Tel.: 0231/565000
Fax: 0231/592440
Info@vdh.de
www.vdh.de

Österreichischer Kynologenverband (ÖKV)
Johann-Teufel-Gasse 8
A-1238 Wien
Tel.: 0043/18887092
oder 0043/18887093
Fax: 0043/18892621
www.oekv.at

Schweizerische Kynologische Gesellschaft SKG
Länggaßstr. 8
CH-3012 Bern
Tel.: 0041/313015819
Fax: 0041/313020215
www.hundeweb.org

BHV
(Berufsverband der Hundeerzieher/innen und Verhaltensberater/innen e.V.)
Eppsteiner Str. 75
D-65719 Hofheim
Tel.: 06192-9581136
Fax: 06192-9581138
www.hundeschule.de

Register

Ablenkung 39
Aggression 12
Aktivitäten 17
Alleinbleiben 29, 55
Angst 6, 11, 29, 38
Anpassung 10
Anspringen 20, 21, 52
Anstupsen 41
Artgenossen 59
Aufmerksamkeit 25, 41, 53
Aufregung 29
Aus 48, 49
Auswahl 19
Auszeit 36, 37
Auto fahren 38, 58

Begrüßungsverhalten 53
Bei Fuß 43
Beißen 10, 53, 54
Belohnung 9, 23, 31 ff., 42
Beschäftigung 26, 29, 58
Beschwichtigendes Verhalten 10
Betteln 20, 21
Beutereize 13
Beutetausch 48
Bewachen 14
Bewegung 14, 29
Bindung 58
Blickkontakt 41
Brustgeschirr 30
Buddeln 5, 56

Decken-Übung 44
Dominanz 17
Drohen 10
Duldsamkeit 54

Durchsetzungsfähigkeit 20, 37
Erfolg 5, 6
Erregung 14
Erwachsene Hunde 36
Erziehungsziel 5, 20

Garten 56, 57
Gefühle 5
Gefühlsmanagement 29
Gehirnjogging 17
Gehorsamsübungen 17
Geschicklichkeit 25
Gesichtsausdruck 9
Geste 9
Gewöhnung 38
Grenzen 16, 57

Halsband 30
Halti 44
Handzeichen 41
Hereinkommen 56
Hier 42
Hörzeichen 22, 30, 38, 39, 51
Hundebegegnungen 59
Hundeerziehung 29
Hundesport 26
Hundetrainer 20

Ignorieren 10, 36
Imponieren 10
Inkonsequenz 33

Jagdtrieb 19
Jagen 5
Junghund 35

Kinder und Hunde 27
Komm 42
Kommando-Wort 8

Konflikt 10
Konsequenz 6, 21, 23, 36, 43
Kontrolle 13
Körperbewusstsein 26
Körpersprache 8, 12, 25, 26, 35
Kunststückchen 17

Lauf 43
Leckerchen 32
Leg dich 44
Leine 30, 43, 54
Leinenaggression 61
Lernerfahrung 7
Lernfortschritt 24
Lerngeschwindigkeit 6
Lernmechanismus 5
Lob 24, 30, 32, 37

Management 29
Menschen 16
Misserfolg 5
Mobbing 13
Mundwinkelstoß 53

Nackengriff 35
Nein 23, 48

Platz 45
Prägungsphase 11

Rangordnung 15
Regeln 16, 17, 21
Rollenverteilung 15
Routine 39
Ruhephasen 14

Sauberkeit 51
Schlaf 14
Schleppleine 59

Schmerz 6
Schnauzengriff 35, 54
Schreck 6
Selbstbeherrschung 27
Selbstbelohnend 5
Sichtzeichen 22, 38, 39
Sitz 45, 46
Sofa 6, 21
Sozialisierungsphase 11, 12
Spaziergang 9, 58
Spiel 13
Spielzeug 9, 32
Sprachbarriere 8
Sprache 8
Stimme 26
Stimmung 8
Strafe 33, 36
Stress 12, 29
Stubenreinheit 51

Tadel 24, 30, 31
Tagdöser 14
Tauschobjekt 49
Tierarzt 20
Trotzanfall 14, 36

Überfordern 39
Umwelteinflüsse 11

Verhalten, beschwichtigendes 10
Verhalten unerwünschtes 24
Verhaltensprogramm 5
Verknüpfung 7
Vorangehen 47

Wächter 57
Warnsignale 10
Warte 47
Welpen 35, 53
Welpenzeit 11
Wiederholung 6, 39
Wild 7
Wolfsrudel 15
Wut 29

Zirkustricks 26
Züchter 20
Zusammenleben 17, 25
Zwang 37

Impressum

Impressum Umschlag von eStudio Calamar unter Verwendung von 1 Farbfoto von C. Steimer/Juniors Bildarchiv (Titel) und 3 Farbfotos von C. Salata/Kosmos.

Mit 107 Farbfotos.

Bibliografische Information
Der Deutschen Bibliothek
Die Deutsche Bibliothek verzeichnet diese Publikation in der Deutschen Nationalbibliografie; detaillierte bibliografische Daten sind im Internet unter http://dnb.ddb.de abrufbar.

> Alle Angaben in diesem Buch erfolgen nach bestem Wissen und Gewissen. Sorgfalt bei der Umsetzung ist indes dennoch geboten. Der Verlag und die Autorin übernehmen keinerlei Haftung für Personen-, Sach- oder Vermögensschäden, die aus der Anwendung der vorgestellten Materialien und Methoden entstehen könnten.

Gedruckt auf chlorfrei gebleichtem Papier

© 2004, Franckh-Kosmos Verlags-GmbH & Co., Stuttgart
Alle Rechte vorbehalten
ISBN 3-440-09737-4
Redaktion: Alice Rieger
Gestaltungskonzept: eStudio Calamar
Produktion: Kirsten Raue / Markus Schärtlein
Printed in Germany / Imprimé en Allemagne

Bildnachweis

Farbfotos von S. Danegger/Juniors Bildarchiv (2: S. 42 beide) H. Erdmann/Kosmos (3: S. 3 u, 29, 41), P. Gehlhar/Juniors Bildarchiv (1: S. 57), A. Hecht/Juniors Bildarchiv (1: S. 50), H. Heinemann (1: S. 14), T. Höller (2: S. 4, 19), T. Höller/Kosmos (1: S. 30 u), H. Reinhard/Reinhard Tierfoto (2: S. 7 u r, 15), C. Salata/Kosmos (alle übrigen 70), C. Steimer/Juniors Bildarchiv (6: S. 22, 28, 42 beide, 50, 57), K.-H. Widmann (3: S. 6, 51, 59), K.-H. Widmann/Kosmos (3: S. 3, 36 u, 56) und S. Winkler (5: S. 35 alle 4, 36 o).
Farbfotos der Innenklappe:
C. Salata/Kosmos (3),
K.-H. Widmann (1),
und S. Winkler (3).

Bücher · Kalender · Spiele
Experimentierkästen · CDs · Videos

Natur · Garten & Zimmerpflanzen ·
Heimtiere · Pferde & Reiten ·
Astronomie · Angeln & Jagd ·
Eisenbahn & Nutzfahrzeuge ·
Kinder & Jugend

KOSMOS

Postfach 10 60 11
D-70049 Stuttgart
TELEFON +49 (0)711-2191-0
FAX +49 (0)711-2191-422
WEB www.kosmos.de
E-MAIL info@kosmos.de